一書讀透

經濟學

關鍵詞

薛磊 著

U0111011

萬里機構

前言

经济学，看似神秘，高不可攀，实则不然，经济学与每一个人息息相关。

在生活中，经济学如影随形，不管是热门的经济学名词，还是经济学现象，抑或是高深的经济学指数，都和我们的生活有着千丝万缕的联系。从经济学中感受生活中的实例，可以对复杂世界有一个基本的了解。

普通人和经济学联系最密切的点在哪里？相信大家会毫不犹豫地说：「消费！」每个人每天都在消费，消费中蕴含着丰富的经济学。懂得消费经济学，我们就能做一个通透、理性的消费者，不但能花钱，而且会花钱，让消费为生活带来更多的乐趣。

职场如战场，作为职场人，都希望自己能够升职加薪，走上人生巅峰。然而，职场经历并不是一帆风顺的，如何做一个职场中的胜利者，这就需要以经济学眼光审视职场，用经济学理论去解读职场。读懂职场经济学，就能让你在职场中更加如鱼得水。

现在，我们手里有钱了。虽然说「手里有粮，心里不慌」，但不能让钱躺着睡大觉，而要想方设法让钱生钱，这就是投资。投资经济学教给你投资的基本思维，让你用经济学家的眼光去审视投资，让你成为睿智的投资者。

企业经营是一门大学问，如何更好地经营企业，关乎企业的未来。怎样提高经营能力，是企业发展的关键。通过案例解读，用经济学理论对知名企业的经营进行剖析，让创业者和企

業領導者從中獲益，激發他們的經營靈感，找到企業的經營方向，企業經營自然變得更有方向，企業也更有未來。

歷來，經濟學就被看作是高深的學問，普通人讀不懂、學不會。為了讓讀者更直觀清楚地讀懂經濟學，本書以幽默的故事為引子，對經濟學層層解析，讓晦澀的理論變得輕鬆易懂。

讀完此書，你將對經濟學有全新的理解，並從中發現對自己有益的知識。如果你對經濟學迷茫，讀完它你就會重新認識這門學科；如果你對消費和投資感到痛苦，在本書裏你會找到方向；如果你對職場失望，在本書裏你就會找到繼續堅持的理由……

目 錄

第 2 章

幽默解讀身邊的經濟學現象

第 3 章

風趣透析經濟學熱點問題

第 4 章
慧眼識別消費中的經濟學

第 5 章
全面提升經營力的經濟學

第 **6** 章
輕鬆玩轉職場中的經濟學

第 **7** 章
更精準有效的經濟學

第 **8** 章
逐個擊破經濟學「關鍵指數」

第 **1** 章

一點就通的經濟學「關鍵詞」

通貨膨脹
求親的彩禮牛

　　10 年前，兩位農民在他們的兒子和女兒十歲的時候，給兩家小孩定下婚約，雙方約定定親禮物是一頭牛。

　　10 年後，兩個小孩長大了，男孩的父親牽着牛找到女孩家商量結婚事宜。然而，女孩的父親不樂意了。

　　女孩的父親：「老夥計，你還真是夠精明的，一頭牛 10 年前能換幾間大房子，現在連一間大房子都換不到，不行啊！」

　　男孩的父親：「這可是我們 10 年前就商量好了的，你怎麼能反悔，說話不算話呢？」

　　女孩的父親：「現在的情況能和 10 年前相比嗎？」

　　男孩的父親聽完之後，沒有再說話，而是默默地牽着牛回家了。他心裏很清楚，今天的物價的確和以前不能比了。

趣味點評

　　男孩的父親心裏很清楚現在的情況不能和 10 年前相比，但他還是抱着一絲希望，希望能省一點是一點。他以為女孩的父親不了解通貨膨脹，然而，女孩的父親相當精明，而且沒給他好臉色看，一番冷嘲熱諷，讓他有點無地自容。通過這則故事，使我們對「通貨膨脹」的概念有了較為形象的認知：看起來數量增加了，但價值卻降低了。簡而言之，就是錢不值錢了。

經濟學解讀

在經濟學中，國家貨幣發行量超過商品流通中實際需要的貨幣需求量，必然引起紙幣貶值。此時的物價就像坐上了火箭，一天三價，人民群眾的購買力大幅下降，原本 100 元可以買到的物品，現在可能 300 元也買不到，這種現象就是「通貨膨脹」。

通貨膨脹無疑會給人們的生活造成不良影響，最直接的感受就是「東西比以前貴了」。 一旦發生通貨膨脹，我們手中的錢看似沒變，其實是少了，原來能夠買到的東西很多，現在卻發現能買到的東西變少了。通貨膨脹就像是一隻「吞錢巨獸」，我們只能眼睜睜看着它把我們的錢吞掉，卻無能為力。

由此可見，通貨膨脹和錢有直接關係。錢分多種，紙幣、硬幣等，但現代社會中，紙幣佔主要市場。國家想要印刷紙幣，需要有同等的黃金作為保障。比如，一個國家的黃金儲備是 500 噸，按道理來説，應該印刷與 500 噸黃金等值的紙幣。可如果印刷了與 1000 噸黃金等值的紙幣，那麼物價必然會上漲一倍，紙幣因此貶值，原來可以買到的東西就只能買到一半。

如果通貨膨脹嚴重，民眾會面臨很大的壓力和考驗，生活會更加拮据。 因此説，一個國家出現通貨膨脹是很棘手的事情，它會對國家經濟發展和民眾生活質量帶來巨大的影響。

德國在一戰之後需要承擔大量戰爭賠款，政府出現巨大的財政赤字，根本無力支付，只能通過發行貨幣來籌集賠款，由此引發了嚴重的通貨膨脹。1922 年 5 月，1 馬克可以買到一份報紙，可到了 1923 年 11 月，買一份報紙需要花費 7,000 萬馬克！很多富人在極短時間內變成一貧如洗的窮光蛋。

德國在通貨膨脹最為嚴重時，每天發放兩次工資，不然數額太大難以結算。同樣的東西，早上和晚上的價格可能就會存在天壤之別。嚴重的通貨膨脹給當時的德國經濟帶來了巨大衝擊，民

眾舉步維艱，苦不堪言，生活變得一團糟，根本看不到未來。

說起通貨膨脹，還有一個國家不得不提及，那就是津巴布韋。它是非洲東部的一個小國家，因為版圖小，又很遙遠，很多人對這個國家沒甚麼印象，然而就是這樣一個小國，卻在 2009 年被載入了史冊。

令全世界目光聚焦於津巴布韋的就是它的通貨膨脹。該國的通貨膨脹曾一度嚴重到「前無古人，後無來者」的地步。2009 年 1 月，津巴布韋出現了面值為 100 萬億津元的紙幣。該紙幣一經面世，就引起無數人震驚，民眾簡直不敢相信這是真的。

別看紙幣面額大得嚇人，但能買到的東西卻少得可憐。2001 年，100 津元可以兌換 1 美元，但到了 2009 年，10 的 31 次方的新津元才能兌換到 1 美元，一時間，津巴布韋元成為「垃圾貨幣」的代名詞。在世界貨幣史上，新津元數字 1 後面的那一長串零，在眾人眼中無疑就是個天大的諷刺。這樣的通貨膨脹讓津巴布韋國內經濟混亂不堪。最後津巴布韋政府不得不宣佈廢除這一荒唐的紙幣，才結束了這場鬧劇。

以上這些讓人震驚的案例，讓我們了解到通貨膨脹對一個國家經濟所產生的破壞力是多麼巨大！為此，人們一提到通貨膨脹，就會感到恐慌不已。

不過，通貨膨脹並非「洪水猛獸」，我們也不用談之色變。**對一個國家的經濟發展來說，溫和的通貨膨脹還是非常有必要的，只要通貨膨脹率控制在一定範圍之內，不但不會引起經濟混亂，反而可以對經濟增長帶來一定的刺激，激發一定的經濟活力。**因此，有的國家並不完全禁止通貨膨脹，相反會鼓勵一定程度的通貨膨脹，而這種通貨膨脹並不會給我們的生活帶來太大的影響。上文中我們所談到的這些案例，都是對整個國家帶來巨大衝擊的超級通貨膨脹。

一般來說，每個國家都存在通貨膨脹。既然通貨膨脹是不可避免的，那我們要如何應對呢？

我們手中有了錢，就要想辦法讓它「錢生錢」。如果把它們存入銀行，雖然保險，但不僅收益甚微，還會因通貨膨脹而造成損失。想讓錢生錢，就要學會理財，一般包括購買銀行理財產品，投資股票、基金、房地產等。下面就其中兩種常見的理財方式做詳細介紹。

1 國債

國債，就是國家以其信用為基礎，按照債券的一般原則，通過向社會籌集資金所形成的債權債務關係。國債由國家主導，和股市股票、銀行理財等產品相比起來，具有「門檻低、風險小、收益穩」等特點，算得上是個體應對通貨膨脹最為安全的投資工具。

國債有三種形式，分別是「記帳式國債」、「無記名式國債」和「憑證式國債」。「記帳式國債」是由國家財政部通過無紙化方式發行的，以電腦記帳方式記錄債權的債券，可以上市交易；「無記名式國債」是一種票面上不記載債權人姓名或單位名稱的債券，通常以實物券形式出現，又稱「實物券或國庫券」，其特點是以實物券的形式記錄債權、面值等，不記名，不掛失，可上市流通；「憑證式國債」是通過各大銀行的儲蓄網點、郵政儲蓄部門的網點以及財政部門的國債服務部，面向個人投資者發行的一種債券，其特點是只能在規定的發行期內方可買到，且只能到銀行一次性提前兌取，流動性相對較差。

在目前全球經濟前景普遍不明朗的大背景下，投資國債不失為一種最踏實的理財方式。想要通過購買國債應對通貨膨脹，可根據自己的實際情況選擇最為適合自己的種類進行投資。

2 樓市

眾所周知，房子是每個人眼中最具吸引力的不動產，錢幣愈貶值，房子的價值就愈高，正因為房產具有抗通貨膨脹的作用，所以很多人有了閒錢都會首選投資樓市。

有一點需要注意的是，一套房子的首期動輒幾十萬元，甚至上百萬元，門檻相對較高，流動性較弱，普通大眾作為長期投資的話，需謹慎行事。

除此之外，金融理財產品的種類也非常多，不管是高風險、高收益的期貨和股票，還是銀行提供的保本增值型產品，抑或是保本分紅類的保險產品，都可以作為我們的投資選擇。通過投資理財獲得收益，這是對抗通貨膨脹的一個不錯的選擇，至於選擇何種投資理財方式，投資者則要根據自己的實際情況進行選擇。

最後提醒廣大投資者，投資理財總是有風險的，正如人們常說的**「理財有風險，投資需謹慎」，只有在有效控制風險的基礎上獲得穩步收益，才能成為投資領域真正的贏家。**

泡沫經濟
徵婚市場中的美女

阿偉和阿成兩人坐在一起喝酒，聊得熱火朝天。

阿偉：「你說甚麼是泡沫經濟？」

阿成：「這個就好比是現在的徵婚市場。」

阿偉：「此話怎講？」

阿成：「徵婚的女人多，這就是市場潛力巨大；徵婚的男人更多，這就是競爭激烈。要引起別人的注意，就要打扮得光鮮亮麗，還要主動出擊，這就是包裝和廣告；要是問：有美女嗎？這就是市場調查；如果馬上有一群女的都說自己是美女，這就是泡沫經濟了。」

趣味點評

現在的徵婚市場越來越大，包裝和炒作也越來越多，幾乎每個女人都把自己包裝得很美，貼上「美女」的標籤，這就是徵婚市場的「泡沫經濟」。所謂「泡沫經濟」，指的就是看似繁榮的經濟，其實都是炒作出來的，充滿了泡沫，如同徵婚市場中的「美女」，看似漂亮無比、美艷動人，卻猶如海市蜃樓般極度虛幻。

經濟學解讀

「泡沫經濟」，本質上體現的是一種虛假的經濟繁榮。比如，一個行業發展太快，資金蜂擁而至，導致該行業產品價格水漲船高，嚴重偏離商品的自身價值，此時就會形成泡沫經濟。等該泡沫經濟到達一定程度後，價格就會驟降，很多企業因此損失慘重，甚至破產，經濟出現蕭條，居民收入減少，很多人失業，這就是泡沫破裂。

泡沫經濟和傳統經濟中的價格漲跌不同，其往往是因投機或炒作等原因造成產品價格暴漲暴跌的一個過程。就像幽默故事「徵婚市場中的美女」，為了找尋到更優質的男士，女人們使用各種手段把自己包裝得光鮮亮麗，身價倍增，為的就是提升她們的擇偶標準，尋找更加優質的男士和自己匹配。然而卸掉各種包裝後，這些「美女」也就被打回了原形，她們在優質男士眼中的身價自然就會暴跌。

鬱金香令泡沫經濟首次出現

泡沫經濟是從甚麼時候開始引起人們注意的呢？讓我們把時間調回到 300 多年前的荷蘭。當時，那裏正上演着一場「鬱金香引發的經濟慘案」，正是這場經濟慘案讓荷蘭從一個鬱金香國度轉瞬變成很多人的人間煉獄。這究竟是怎麼回事呢？

原來，鬱金香是荷蘭的國花，以至於提到荷蘭，人們首先想到的就是鬱金香。那時候，不管是偏遠山村，還是繁華都城，人人談論的都是鬱金香，尤其是珍奇品種的鬱金香更是千金難求。如果哪個達官貴人得到了珍奇鬱金香，定要招呼好友前來觀賞，這是他們彰顯身份和品位的一種方式。

於是，當時的有錢人都以獲得珍奇鬱金香為榮，一旦這種鬱金香出現，必會引發達官貴人爭相高價購買。有需求就有市場，就有賺錢的機會。商人們從中看到了商機，他們投入大量的資金

種植鬱金香。除此之外，還出現了鬱金香期貨交易，很多人因此成為了百萬富翁，鬱金香也成為當時荷蘭的造富神話。

一時間，鬱金香成了財富的代名詞，成為很多人眼中「賺大錢，走向人生巔峰」的機會。伴隨鬱金香的熱度不斷高漲，不單單是富人，窮人也紛紛加入進來，錢不夠，他們就合夥湊錢，找不到合夥人的就借高利貸，更有一部分人甚至不惜變賣房屋，傾家蕩產，也要在鬱金香市場當中分一杯羹。

隨着鬱金香市場不斷壯大，人們投入的資金越來越多。有了龐大資金的支持，珍奇鬱金香的培育也更加科學，產量也越來越高。由於珍奇鬱金香越來越多，達官貴人也從一開始的激情澎湃到後來的興趣寡然。隨着時間推移，談論鬱金香的人越來越少，人們也不再為求珍奇品種的鬱金香而一擲千金。

沒有了富人的需求，鬱金香從此無人問津，價格在很短的時間裏呈現出斷崖式下降，很多因鬱金香發家的百萬富翁一夜之間變得身無分文，而那些借高利貸的窮人更是處境艱難，很多人因此走投無路而選擇了自殺。

「鬱金香經濟慘案」讓泡沫經濟首次出現在世人面前。人們仔細分析後得出一條結論：市場過於追捧，推高鬱金香的價格，造成「珍奇鬱金香無價」的假象。

對於個體來說，經濟泡沫破滅後，人們的財富夢想也隨之破滅，很多人甚至為此賠上了性命。在泡沫經濟面前，被利益蒙蔽雙眼的人們惟恐錯過良機，結果反而將自己推入火坑；對於國家來說，鬱金香曾經是荷蘭經濟發展的強大推動力，泡沫經濟破滅後，國家經濟一度陷入一蹶不振的境地，甚至瀕臨崩潰邊緣。

泡沫經濟的影響

泡沫經濟對一個國家的經濟打擊無疑是巨大的，嚴重時還可導致國家經濟發展難以持續，甚至會給這個國家帶來毀滅性打擊。一旦泡沫破滅，不僅是小國家難以承受，即使是發達國家，也難以抵抗泡沫經濟的衝擊。

20 世紀 90 年代的日本，由於房地產業和金融業發展迅速，引發了投資者的狂熱投機行為，各路資本紛紛湧入。那個時期，不只是國內資金紛紛入場，就連國際資金也大量跟進，日本的房地產業和金融業得以在短時間內快速發展，產業規模持續擴大，一時間，日本經濟呈現出一片欣欣向榮的景象。

然而，熱鬧的景象並未持續太久。隨着資金的持續進入，泡沫被愈吹愈大，各行各業的資金鏈很快就出現了斷裂，房地產市場及股市均遭受重創，購房者放棄了房子，把房子抵押給銀行，造成銀行壞賬過多而破產，股票價格下跌一半以上，企業也因此破產，產業工人紛紛退下工作崗位，日本的經濟泡沫破裂了！

在這場泡沫經濟事件上演之初，投資者們賺得盆滿缽滿，同時帶動了底層勞動者的收益，政府也因此獲得巨額稅收。乍看起來，這些人都是繁榮經濟的受益者。然而，一旦經濟泡沫破裂，百姓就不得不退下工作崗位，失去收入的他們面臨無法生存的危機，國家經濟也因此出現嚴重衰退。直到今天，日本還未完全從這場泡沫經濟的陰影中走出來。

從以上案例可以看出，傾覆之下絕無完卵。**我們要避免被虛假繁榮的表象所迷惑而盲目投資，只有對泡沫經濟進行深入了解，才不會被泡沫經濟所傷，成為泡沫中的犧牲者。**

幸好泡沫經濟不是突然出現的，它是有跡可循的，倘若仔細觀察，總會發現一些苗頭。掌握泡沫經濟來臨前的跡象，就能夠提前做出應對，避免在泡沫破裂之後深受其害。

① 基本特徵是「新」

泡沫經濟的產生和新事物、新產品或者新技術有直接關係。不管是荷蘭的鬱金香，抑或是現在的互聯網，在剛出現時都是人們所不了解的，此時人們就會產生好奇。在好奇心的驅使下，人們被激發出極大的投資熱情，繼而蜂擁而上引發盲目投資。

② 超級流動性作為基礎

　　縱觀歷史上的泡沫經濟，無不具有超級流動性，其不僅會加劇本行業流動性，而且還會吸引其他行業的資本進入。巨量資金進入所帶來的流動性是可怕的，它會讓人們在利益的驅使和推動下失去理性。

③ 政府和金融的支持

　　有了前兩個特徵，如果再加上政府的支持及金融機構提供資金的話，那些原本沒有錢的人也會借貸，甚至是借高利貸。此時的泡沫會愈吹愈大，最終導致破裂。就好像小孩子吹泡泡，一開始那些泡泡五光十色，煞是好看，一旦破裂就變得灰飛煙滅。泡沫經濟也是如此 —— 製造出一個經濟繁榮的假象，讓人們在這個假象中瘋狂，短暫的瘋狂之後便是慘烈的結局。

　　個人在投資時，只要觀察到這幾點，就要當心泡沫經濟的出現。此時投資者一定要謹慎，切勿在泡沫經濟裏愈陷愈深，無法自拔，成為泡沫經濟的犧牲者。

流動性過剩
三個乞丐吃肉

　　三個乞丐聚在一起。甲討來一斤滷豬頭，乙和丙各討來 100 元。看着甲手中的滷豬頭，乙和丙直流口水。

　　乞丐甲：「吃肉可以，拿錢來買。」

　　乞丐乙：「我出 10 元。」

　　乞丐丙：「我出 20 元。」

　　乞丐甲把肉遞給乞丐丙。

　　乞丐乙：「別給他，我出 50 元。」

　　乞丐甲把肉遞給乞丐乙。

　　乞丐丙：「那我出 100 元。」

　　乞丐甲又把肉遞給乞丐丙。

　　乞丐乙心一橫，也遞出 100 元：「我也出 100 元。」

　　乞丐丙臉色鐵青。

　　乞丐甲笑着說：「我這一斤肉要賣 200 的，現在正好給你們兩個切開，這樣你們都能吃到肉。」

　　乞丐乙和乞丐丙接受了乞丐甲的建議，這樣一來，他們兩個人都能吃上肉了。他們一人拿着半斤肉，傲慢地對甲說：「哼，你別指望我們會分給你一點肉吃！」

　　乞丐甲：「對我而言，這的確是一件不幸的事情。但對你們來說可能也有一個不好的消息，」乞丐甲揮舞着手裏的鈔票說：「你們要失去我這個夥伴了。」

趣味點評

對於乞丐乙和乞丐丙來說，100 元只是多餘的流動性資金，他們更需要肉，於是他們拿出來買肉吃。但肉太少，遠遠低於他們手裏的貨幣存量，於是他們相互哄抬物價，最終把肉價炒到 100 元半斤。乞丐甲就是利用這點賺到自己的第一桶金，從此甩掉了「乞丐」的身份。乞丐乙和乞丐丙的做法，在經濟學中被稱為「流動性過剩」。

經濟學解讀

對一個國家來說，如果貨幣量投放過多，就會導致更多貨幣進入市場，這些貨幣需要尋找出路，於是帶來經濟過熱，就會形成「流動性過剩」現象。可見，造成這種現象的原因就是：錢太多了。

可能有人會覺得，錢多了不是好事嗎？其實不盡然。把多餘的錢投入到某一領域，自然會帶來熱錢刺激下的價格上漲。就好像該幽默故事中乞丐甲的那斤滷豬頭，本來只值 20 元，但因為乞丐乙和乞丐丙把更多的錢投入進去，就把這塊豬頭肉的價格哄抬上去一樣。

現實生活中，我們也遭遇過乞丐乙和乞丐丙所經歷的這種事情。比如中國曾發生令人記憶猶新的「蒜你狠」現象。

2009 年初，大蒜僅為每公斤 0.24 元時，有人投入資金收購囤積了 700 噸，一下子把市面上的大蒜幾乎全部收入囊中。到了 2010 年 8 月，正值大蒜新舊不接的時候，那些投資者以每公斤 5.6 元的價格賣出，掀起了轟動的「蒜你狠」現象。

從這件事情中，我們能夠清晰地看到流動性過剩的起因和後果：投資者有足夠多的資金尋找市場，而大蒜供大於求造成價格低廉，於是投機者們湧入收購。這是流動性過剩的起因。等到市場上供小於求的時候，這些投機者就高價賣出大蒜，從中賺取高額的利潤，這就是流動性過剩的後果。

房價成為現在年青一代的痛點，這其中也有流動性過剩的影子。有的樓盤剛開盤就賣完了，有的甚至需要排隊才能買到，很多二手房在中介掛出後馬上就能賣出去。房產市場如此「興旺」是經濟流動性過剩引起的，而它導致的後果，就是房價一路高漲，遠遠超出打工階層的消費能力，讓無數年輕人「望房興歎」。

流動性過剩導致的結果，首先是大量的資金追逐房地產、基礎資源和各種金融資產，從而造成資產價格的快速上漲。而上游資源價格的上升，必然會推動下游消費品價格的上升。如果流動性過剩資金追逐消費品，就會引起物價的較快上漲。

流動性過剩容易引發經濟過熱，產生經濟泡沫。如果國家不對流動性過剩現象進行調控，任其自然發展，實體經濟投資必然過熱，從而造成通貨膨脹，投資市場價格不斷增長，這時就會形成泡沫經濟，國家經濟長期發展就會受到危害。

針對流動性過剩，可以根據需求，從以下三個方面進行調控。

① 引導個人投資方向

比如，建立個人信貸市場，發展中小企業，讓更多的資金不僅有去處，而且是投向有利於經濟發展的方向。

② 完善資本市場

通過完善資本市場，讓國家的金融市場結構更加合理，為資金提供更好的方向。比如，中國前些年推出的中小板和創業板，就為更多的資金進入股市提供了機會，從而解決了資金投資的問題。

3　銀行產品創新

　　銀行現在提供的不僅僅是單純的存貸款業務，各個銀行的金融理財產品也越來越多。有了銀行產品的創新，資金就有了更多的選擇，而不是集中在存款上，由此就會產生引導資金分流的作用。

　　貨幣應該是流動的，這是國家經濟發展的有活力的體現。貨幣如果流動性過低，經濟就會缺乏活力，國家也就失去了發展的動力；而貨幣如果出現流動性過剩，則經濟繁榮的背後必定會出現泡沫經濟的影子。

邊際效用遞減
想換女朋友

阿偉去外地留學，女朋友給他發短訊，説自己想吃蛋糕，阿偉馬上給她訂了一件外賣蛋糕。

女朋友收到蛋糕後，開心地告訴阿偉：「蛋糕特別好吃。」

第二天，阿偉想起女朋友開心的樣子，於是又給她訂了一件外賣蛋糕。女朋友收到後，笑着説：「這件蛋糕也還不錯。」

第三天，阿偉給女朋友一下子訂了十件外賣蛋糕。

很快，阿偉就收到了女朋友的短訊：「你為甚麼給我訂那麼多蛋糕？」

阿偉得意地邀功：「我想讓你更加開心啊！快告訴我，你是不是超級開心？」

女朋友氣沖沖道：「開心甚麼？我看你分明是想撐死我，好換一個女朋友！」

趣味點評

面對同樣的東西，不同的時期有不同的感受：在阿偉眼中，女朋友吃了第一件蛋糕很開心，那麼按道理來説，讓她持續不斷地有蛋糕吃，她應該就會一直快樂下去。

　　然而，在女朋友的眼中，第一件蛋糕的確特別好吃，第二件也還可以，但第三件就不是那麼美味了，之後她覺得第四件、第五件……吃下去的話就快要撐死了。在這個過程中，女朋友的滿足感在不斷遞減，從開心的體驗轉為厭倦的體驗，因此才會冒出「男朋友是想把自己撐死然後好換女朋友」的念頭。

　　看似阿偉的女朋友「身在福中不知福」，其實我們每個人也都有同樣的心理，這種現象反映的就是經濟學中的「邊際效用遞減規律」，即同樣的東西出現的次數愈多，隨着邊際的變化，效用就愈低。

經濟學解讀

　　在經濟學中，「效用」通常用來衡量商品滿足人的慾望的能力。效用高，表示商品能夠更好地滿足人的慾望；效用低，表示商品很難滿足人的慾望。「邊際效用」，則是指在特定的時間內，增加單位商品的數量帶來的新效用，也就是對人慾望的更多滿足以及由此而帶來的幸福感的增加。

　　按照一般思維，隨着所消費的商品數量的增加，總效用應該不斷增加，也就是說，人的慾望得到更多的滿足，人的幸福感就越來越高。其實不然。事實上，邊際效用呈現出的反而是遞減的趨勢，這就是「邊際效用遞減」。

生活中的邊際效用遞減

　　比如旅遊，隨着經濟發展水平普遍提高，旅遊現在已經成為大眾選擇，只要手上有錢，名山大川盡在腳下。然而，去旅遊過的人都有這樣的體驗：第一次去一個地方旅遊，一定既興奮，又充滿好奇，終於來到夢寐以求的地方，領略到風光旖旎的景觀，幸福感油然而生。但第二次去就沒那麼激動了，第三次去可能只是覺得興味寡淡，後來就覺得索然無味，甚至再也不想要去這個

地方。

為甚麼會出現這種現象呢？就是因為邊際效用遞減規律在發揮作用：對於同一個旅遊景點，隨着旅遊次數的增加，對該地的風景越來越熟悉，新奇效應也越來越低，去該地感受快樂這一功能也就越來越弱。

日常生活中，我們對身邊的事物往往不會去特別關注，覺得毫無新奇可言，其實也是這個道理。平時看得多了，再美的事物也很難讓我們產生幸福感和滿足感。

邊際效用遞減規律不僅存在於生活中，在經濟中也同樣存在。擁有財富是每個人的美好願望，誰都希望自己多賺錢，因為有了更多的錢，就可以實現更多的夢想，讓自己和家人生活得更加幸福。然而很多人發現，隨着財富越來越多，自己的幸福感卻越來越少。

年輕人工作後賺到第一筆錢時總是會非常激動，儘管可能只有幾千元。後來賺的錢多了，反而沒有那麼激動了。

馬雲的故事

馬雲在杭州做老師的時候，工資不多，但他每次領薪水時都非常激動。後來中國黃頁讓他賺到了第一桶金，再到後來創立阿里巴巴並在美國上市，馬雲成了中國首富。此時他的財富早已與當初做老師時的收入有着天壤之別，按說他應該幸福感爆棚才對。

然而，他卻並不這樣認為。在一次談話中，他說自己「後悔創立阿里巴巴」，因為成為中國首富之後，賺錢對他來說沒有了樂趣。而作為企業家，數以萬計的員工跟着他，讓他感到肩上的擔子更重了，壓力也更大了。此時，對他來說，賺很多錢已經是一份責任，而不再是一件輕鬆快樂的事情。

這就是典型的邊際效用遞減現象——對馬雲來說，財富已經多得溢出邊界，財富本身的效應也就越來越小。所以財富對他來說，只是一個數字的增加而已，除此外，沒有任何更加有意義的

價值感。

　　一個人賺到第一個 100 萬元時，興奮得恨不得跳起來，覺得人生從此圓滿了；賺了第二個 100 萬元時，還是非常激動；賺到第三個 100 萬元時，心情也十分愉悅；等到身家千萬甚至更多的時候，賺 100 萬元對他來說就沒有甚麼情緒上的波動了，這個時候邊際效用遞減到接近於零。

　　如果幽默故事中的阿偉懂得邊際效用遞減規律，他就不會一直給女朋友送蛋糕，可能第二次送的就是巧克力，第三次送的是鮮花……這樣女朋友不但不會生氣，反而會非常滿意，兩個人的關係也會更加融洽。

　　仔細觀察不難發現，邊際效用遞減規律在生活中隨處可見。我們只有掌握了邊際效用遞減規律，才能在生活中加以重視，並盡量減少邊際效用遞減的影響，擁有更多的人生樂趣。

訊息不對稱
全指着這個碗賣貓

　　一個古董收藏者逛古玩街時，在離古玩街不遠的地方看到一個年輕人在賣貓。他眼前一亮，注意到那只餵貓的碗竟然是個價值不菲的古董。他快步走上前，和年輕人聊了起來。

　　收藏者：「你這貓怎麼賣的？」

　　年輕人：「2,000 元一隻。」

　　收藏者：「這麼貴？我年紀大了，就喜歡養貓養狗，便宜點吧！」

　　年輕人：「我這貓就是這個價，你想買就買，不買就算了。」

　　收藏者拿出 2,000 元遞給年輕人，抱起貓，然後對年輕人說：「我家裏缺一個餵貓的碗，你把這個碗送給我吧。」

　　年輕人以迅雷不及掩耳之勢把碗收了起來，小聲對收藏者說：「我爸爸說了，全指着這個碗賣貓呢！」

趣味點評

　　收藏者對古董非常了解，一眼就判斷出那只餵貓的碗價值不菲。在這裏，收藏者掌握了「貓碗是很值錢的古董」這個訊息，並認為年輕人不知道這個訊息，這就是經濟學中的「訊息不對稱」。收藏者認為這是好機會，是天上掉餡餅的頭等好事。

　　然而，年輕人更加聰明，他製造出一個「貓比碗貴重」的假象，傳遞給收藏者一個假的訊息，他挖了一個「坑」，坐等「願者上鈎」，而收藏者對此卻全然不知。最後年輕人憑藉訊息不對稱，賺了一筆，而收藏者則竹籃打水一場空。

經濟學解讀

　　在經濟學中，處處都存在「訊息不對稱」的現象，誰掌握的訊息更多，誰掌握的訊息對自己有利，誰就能夠更加獲利。 交易雙方掌握的訊息不可能是對等的，這就造成了交易中的不平等，正是這種不平等造成了訊息掌握更多的一方獲利更多。

　　比如，你想買一輛二手車，自己卻不了解相關訊息，到了二手汽車市場，面對大量二手車，你就不知道該如何選擇。這時，銷售人員給你介紹了一輛看起來讓人非常滿意的二手車，於是你買了回去。誰知開了一段時間出問題了，去修理時才發現是浸水車，你這才知道自己被騙了。

　　這就是典型的訊息不對稱現象。消費者了解的訊息很少，而且所獲得的訊息大部分是從銷售人員那裏得來的。銷售人員有著訊息優勢，他所提供的都是他希望消費者了解的訊息，而「這輛是浸水車」這個最關鍵的訊息，他是不會告訴消費者的。也就是說，消費者處於絕對的訊息劣勢地位，銷售人員處於絕對的訊息優勢地位，他通過不對稱的訊息獲了利，而消費者則因訊息不對稱遭受損失。

「瑞士銀行併購瑞士聯合銀行」事件

　　在當時引起了極大轟動。瑞士銀行本意是想通過併購獲得瑞士聯合銀行中的高層人才，然而，瑞士銀行由於沒有得到瑞士聯合銀行高層人才的名單，致使其在併購後大量裁減普通員工時，將原本屬瑞士聯合銀行的高層人才也一併裁減掉了。最終瑞士銀

行付出極大代價併購瑞士聯合銀行，卻沒有得到最想得到的高層人才，這種訊息的不對稱給瑞士銀行帶來了很大損失。

在這併購事件中，瑞士銀行顯然是訊息弱勢方，他們在併購之前沒有對核心訊息進行詳細了解，在未完全掌握核心訊息的情況下實施併購並貿然裁員，導致高層人才流失，也就失去了收購對方的意義。如果瑞士銀行能夠提前做出充分調查，獲取更多訊息，在併購之後對員工做出更好的安排，結果就會大不一樣。

現在，國際併購成為潮流，跨國併購之後發展成為跨國公司，已成為很多中國企業的戰略目標。然而，隨着中國企業跨國併購越來越多，併購失敗的風險也越來越高，其中，訊息不對稱帶來的影響是風險中的很大一部分。

訊息不對稱隨處可見

比如，現在人人都熟悉的網絡購物平台，如淘寶、京東等，都非常方便，然而，面對眾多的店舖，訊息不對稱帶來的風險也隨之而來。如果未能掌握核心訊息，消費者就可能會花高價買到劣質產品。

比如，在 2019 年「雙十一」活動中，京東的 iPhone 手機是 12 期不免息銷售，iPhone 手機官網是 12 期免息銷售，天貓的 iPhone 手機是 24 期免息銷售，而另一網上購物平台除了免息，更有 200 至 1,000 元不等的優惠券。如果訊息不對稱，消費者掌握不到這些訊息的話，就有可能花更多的錢買到同樣的手機。假使消費者對 iPhone 手機在「雙十一」不同網購平台的優惠政策都非常了解，通過對比就能夠讓自己獲得最大優惠力度。可見，消費者對於訊息的掌握程度，決定了自己處於的是訊息弱勢方還是訊息強勢方。

訊息不對稱不可避免

即使是在當今這個訊息呈爆炸式傳播的網絡時代，由於訊息的輸出方和訊息的接收方所站的角度不同，接收到的訊息也絕對不可能一致。我們能做的就是盡量多掌握一些訊息，盡可能減少

訊息不對稱帶來的負面影響。

　　保持好奇心是應對訊息不對稱的一個好辦法，好奇心會促使我們主動去了解和掌握各種訊息。當我們對各種訊息都有所了解後，就能夠在一定程度上避免訊息不對稱帶來的不利影響。

　　就像幽默故事中的收藏者，如果他在掌握了「貓碗是一個值錢古董」這條訊息的同時，也能掌握「年輕人清楚自己的貓碗是一個很值錢的古董」這個訊息的話，就不會做出「花 2,000 元買隻普通貓」的愚蠢決定了。

　　當然，只是掌握更多訊息還遠遠不夠。要知道，互聯網時代獲取訊息相當方便，但訊息的真偽也更難辨別，這就需要我們具備篩選訊息的能力。在此，有一個非常好的建議提供給大家：尋求專業人士的幫助。畢竟，專業的人士永遠比業餘的更為可靠，這一點是毋庸置疑的。

機會成本
魚與熊掌可兼得乎

　　一個女孩遇到兩個同時追求她的男孩，她不知道怎麼選擇，於是找閨蜜商量。

　　女孩：「這兩個男孩一個很有錢但長得不帥，一個長得很帥但沒甚麼錢，真讓人苦惱。」

　　閨蜜：「那你到底是怎麼想的呢？」

　　女孩：「我也不知道如何選擇，他們都不是很完美。我覺得最理想的就是又帥又有錢的男人，但我知道那樣的男人太少了，可遇不可求。我還是打算在這兩個男孩中選，但我也沒辦法決定選他們哪一個更好，你有甚麼好辦法嗎？」

　　閨蜜：「我有一個萬全之策，可以讓你魚和熊掌能兼得。」

　　女孩：「快說來聽聽。」

　　閨蜜：「你可以住在帥男人家裏，去有錢男人家裏吃飯。」

趣味點評

　　女孩面對兩個追求自己的男孩時無法做出選擇，她想要找一個同時具備這兩個男孩身上優點的男人，但是這樣的男人沒有出現，她只能在這兩個男人中間做出選擇。

閨蜜的「魚與熊掌兼得論」顯然只是個博君一笑的説法。事實上，女孩必須要做出選擇。她選擇了一個，必然要放棄另一個，也就是説，她無論選擇哪個，都必須要放棄另一個。這就是「機會成本」的含義。

經濟學解讀

在曼昆的《經濟學原理》（*Principles of Economics*, 1997）中，「機會成本」被列入經濟學十大原理之一，由此可見機會成本在經濟領域的重要性。曼昆是這樣描述機會成本的：「某種東西的成本是為了得到它所放棄的東西。」換句話説，就是**做出一種選擇時，會放棄其他選擇，而那些放棄的選擇可能帶來的收益，就是機會成本。**

綜上所述，我們也就明白了，**機會成本其實也就是選擇成本，通俗地說，可以理解為代價，它是指為了獲得一樣東西而必須放棄另一樣東西的代價。**幽默故事中的這個女孩就是這樣：她選擇了帥氣的男人，就必須放棄有錢人的生活；反之，她選擇了有錢人，就必須放棄帥氣男人。她所放棄的就是機會成本。

不只是幽默故事中的這個女孩會遇到機會成本的選擇，我們在日常生活中也經常存在機會成本的選擇，同樣會面臨「魚與熊掌不可兼得」的兩難選擇。

比如，我們看書時，有兩本書可以供我們選擇：一本是知識豐富的好書，一本是濫竽充數的壞書。如果在規定的時間中，我們選擇看那本好書，就能學到很多知識，運用這些知識指導人生，讓自己從中受益；但如果我們選擇看那本壞書，不但學不到知識，還會接觸到錯誤的觀點，倘若用這些錯誤的觀點指導我們的工作和學習，無疑就會給我們帶來不良影響。所以**面對機會成本的選擇時一定要慎重，在認真權衡利弊之後，做出最有利於自己的選擇，而不能憑一時的感覺盲目選擇。**

還有一點需要注意的是，雖説機會成本是選擇帶來的，但並不是所有的選擇都是機會成本，只有那些你有能力掌控的選擇才是機會成本，而對於那些幻想中的、難以實現的機會，卻並不是真正的機會成本。比如，你認為在「上班」和「休息並去買彩票中 500 萬元」兩者之間的選擇是一種機會成本的話，那你就錯了，因為即使選擇不上班去買彩票，也不能確保你一定能中 500 萬元大獎。

此外，對不同的人來説，機會成本是不同的。比如，對於一個月收入 5,000 元的人和一個月收入 5 萬元的人，如果他們同樣選擇釣魚，機會成本就會相差十倍。然而，對於釣魚這件事情本身而言，如果兩個人都覺得是值得的，他們做出同樣的選擇，同樣獲得釣魚的快樂，這就不是機會成本。

蔡崇信的故事

蔡崇信在阿里巴巴的知名度僅次於馬雲。阿里巴巴剛成立時他就加入並擔任阿里巴巴的 CFO。在這之前，蔡崇信在德國一家投資公司任職，年薪是 70 萬美元，而到了阿里巴巴，他每個月的工資最初僅是 500 元。從當時的選擇來看，他放棄年薪 70 萬美元的德國投資公司，選擇年薪 6,000 元的阿里巴巴，這個機會成本實在是太大了，這讓當時他的同事和合作夥伴非常震驚，他們完全不理解蔡崇信的做法，在他們看來，蔡崇信的選擇簡直瘋狂到了令人瞠目結舌的程度。

任何人都清楚，蔡崇信做出這個選擇需要極大的勇氣。而後來他在阿里巴巴的發展證明了自己當時的選擇是正確的，他獲得了巨大的經濟回報，其個人財富在最高點時擁有接近百億美元的資產。

現在來看，蔡崇信的選擇給他帶來了他自己都難以想像的超值回報，當時他的年薪是 70 萬美元，如果一直工作下去，到現在身價也不過是千萬美元，而選擇阿里巴巴，讓他現在的身價高達數十億美元，這兩者之間有着天壤之別。蔡崇信的選擇可以説是

機會成本的傳奇，他完美詮釋了機會成本的內涵，也給我們每個人在面對機會成本的選擇時做出了傑出榜樣。

時間是最大的機會成本

這個機會成本對每個人都是一樣的，你做出了選擇，就必須要放棄其他選項。你選擇在家休息，就放棄了工作賺錢的機會。同樣地，休息也是一種機會成本：你休息一天，就相當於少賺了一天的錢。

大家一定要對機會成本有一個正確的認識。當機會成本擺在眼前時，一定要明白「魚與熊掌不可兼得」的道理。沒有完美的選擇，只有聰明的選擇，在機會成本面前，聰明的人總是會權衡利弊，做出對自己最有利的選擇。

價格歧視
算命先生和他的徒弟

　　算命先生收了一個徒弟。一段時間後，徒弟發現了一個問題。

　　徒弟問：「師傅，為甚麼你算命的價格不同？有錢的人收費高，普通人收費低，遇到特別困難的甚至不收費呢？」

　　師傅答道：「這你就不懂了，這叫因人而異……」

　　徒弟略有所思，似是明白了其中的道理。

　　這一天，有錢人、普通人和窮人同時登門請算命先生算卦。他們在諮詢收費情況時，徒弟把三種價格全都報了出來。有錢人和普通人感覺被宰，氣得拂袖而去，只有那個窮人留了下來。

　　師傅大罵了徒弟一頓。

　　徒弟一臉委屈：「師傅，是您說的要因人而異啊！」

趣味點評

　　徒弟對師傅算命價格的不同定位感到非常疑惑，師傅告訴他要根據客人身價的不同來制定不同的價格，這樣既能多掙錢，又能廣納客源。這種「因人而異」的做法其實就是「價格歧視」：給不同的人定不同的價格，通過差別價格獲取更大的利潤。

經濟學解讀

對於商家來說，「價格歧視」是一種十分有效的牟利手段。商家利用價格歧視賣出更多產品，獲得更多利潤，這種做法在市場上隨處可見。商家通過這樣的方法，不單單留住了忠實客戶，而且開發了新的客戶，擴大了銷售量，從而達到了商家獲利更高的目的。

按照一般的邏輯，商品價格定得愈高，商家獲得的利潤就愈大，賺的錢也就愈多。但是，商品面對的是所有消費者，如果定價太高，超出大眾消費者的支付能力，商家就會失去龐大的客戶群。

也就是說，商品價格雖然高了，但是商品銷售數量卻大大降低，銷售額也會隨之降低。但如果定價低了，又會讓高端消費者不屑一顧，從而失去這類客戶。而在同一款產品上，商家採用價格歧視手段，針對不同消費層次和支付能力的消費者提供不同的價格，則既可以擴大消費群體，又能夠增加銷售數量，所獲利潤自然也就更高。

價格歧視，其實就是差別價格，並不是真的歧視消費者，從某種意義上說，反而是市場公平的一種體現，是對更多消費者的一種福利。**價格差別讓更多消費能力不高的消費者有了更多的消費機會，由此形成「商家獲利，消費者受益」的雙贏局面。**

價格歧視的生活例子

比如，電影票就有不同的價格，兒童票是半價，商家看似吃了虧，實則不然。兒童票雖是半價，但兒童觀看電影時必然由父母陪同，父母則需購買全票，這樣一來，商家反而增加了收入。

在新零售時代，價格歧視也被運用到電商中。比如商家會通過網絡等渠道為消費者提供很多的優惠券和折扣券。這些優惠券

和折扣券針對不同的消費者提供不同的優惠和折扣力度，這在本質上也是一種價格歧視。優惠券和折扣券有不同的優惠折扣，為價格需求彈性不同的消費者提供了多種選擇，他們可以根據自己的實際情況進行選擇，而商家則省去了對高收入和低收入顧客的區分，在省事的同時獲利也更多。

在生活中，量大且更優惠也是一種價格歧視。比如，買一件商品是原價，買兩件商品的折扣是九八折，買三件商品的折扣是九五折，買三件以上商品的折扣是九折。這是一種常見的促銷手段，消費者本來想購買一件商品，但因為折扣，就可能購買更多商品，儘管這些商品暫時用不到。而這樣對商家是有利的，因為隨着商品銷售數量的增加，利潤也就自然更多。價格歧視現象隨處可見，已經成為當下社會中一種普遍的經濟現象。然而，價格歧視給企業帶來的並不都是好處。

可口可樂的故事

可口可樂公司在 1998 年就做出了一個在當時看來出乎所有人意料的決定：他們利用氣溫傳感器和以氣溫作為定價基礎的芯片，讓自動售貨機上的可樂價格自動變化，夏天價格更高。這個決定是當時的可口可樂集團總裁伊夫斯特想出來的，可以被看作是最早的價格歧視。

然而，這一做法並沒有為可口可樂集團帶來好處，反而使可口可樂成為了媒體口誅筆伐的對象。當時可口可樂的主要競爭對手百事可樂也落井下石，可口可樂的企業形象由此大跌，最終銷量也受到了影響。

新的價格歧視：殺熟

所謂「殺熟」，就是商戶對老顧客定價反而更高。為甚麼會出現這種現象呢？這是由於商家在掌握了消費者的消費數據之後，對那些重點客戶群體選擇競爭對手的可能性進行了分析。根據分析結果，商家認為這些忠實客戶群體已經形成了消費習慣，即使是提高價格，這部分消費者也不會離他們而去，反而是那些新的

消費者需要得到更大的優惠才能吸納為核心用戶，於是就出現了「殺熟」現象。

「殺熟」是一種非常負面的做法。因為在消費者眼中，「殺熟」意味着熟人之間的欺騙和背叛。消費者基於信任企業，才選擇企業的產品，「殺熟」使消費者不僅沒能獲得價格上的優惠，反而要支付更高的價格。因此，企業的這種行為一旦被發現，其在消費者心目中的形象必然一落千丈，由此直接導致商家信譽度和消費者忠誠度長期受損，而且這種做法對消費者的傷害是無法彌補的。作為消費者，應該掌握更多的產品相關訊息，避免被「殺熟」的商家坑騙。

價格歧視是市場經濟發展的必然產物，是商家為了更好地銷售產品而對價格做出的一種調整。價格歧視能夠帶來多方雙贏，商家能夠獲得更多利潤，消費者也可以獲得更多實惠。了解價格歧視，利用價格歧視，為自己爭取更優惠的價格，這才是我們面對價格歧視時應該持有的理性態度。

最後，消費者還應注意，在面對折扣和促銷誘惑時，應該保持理性頭腦，不要一看到折扣和優惠就大肆購買，這種不根據自己的消費需求而盲目跟風購買的行為，屬一種非理性消費行為，最終只會給消費者自己造成金錢上的浪費。

消費者剩餘
買貴了也開心

　　三個人參加同一場拍賣會，都看上了同一幅畫，這三個人都想得到這幅畫，於是展開了激烈的價格競爭。

　　甲：「我出 10 萬。」

　　乙：「我出 11 萬。」

　　丙：「我出 12 萬。」

　　就這樣，這三個人輪番出價，一個比一個出的價高。甲原本計劃花 50 萬元來競拍，最終他以 35 萬元的價格打敗了乙和丙，拍到了這幅畫。此時，乙和丙異口同聲地嘲笑道：「你這個傻瓜，這畫根本不值這個價！」

　　甲則嗤笑道：「傻瓜都這麼說。」

趣味點評

　　在乙和丙看來，這幅畫不值 35 萬元，但甲卻花 35 萬元買了下來，所以嘲笑他是一個傻瓜。然而，對於甲來說，他對這幅畫的預期心理價格是 50 萬元，也就是說，在他心裏這幅畫的價值是 50 萬元，現在他只花 35 萬元就買了下來，相當於賺了 15 萬元，所以他認為乙和丙才是傻瓜。

　　甲購買這幅畫的實際價格低於他的預期心理價格，這二者之間的 15 萬元落差，就是經濟學中所說的「消費者剩餘」。

經濟學解讀

所謂「消費者剩餘」，指的是消費者購買特定商品時願意支付的最高價格和實際成交價格之間的差額。這是消費者對於商品價格的一種主觀上的衡量，有了消費者剩餘，消費者主觀上便認為得到了額外的獲利。

在該幽默故事中，乙、丙二人的預期心理價格要低於 35 萬元的實際價格，這期間不存在消費者剩餘。甲則不同，他雖以 35 萬元的價格買到了這幅畫，然而他願意支付的最高價格是 50 萬元，兩者的差額是 15 萬元，這 15 萬元就是他的消費者剩餘。在他看來，花錢買到手的畫僅用了 35 萬元，而畫值 50 萬元，相當於無形中賺到了 15 萬元。

在經濟學中，消費者對一件商品願意支付的最高價格就是心理需求價格。低於心理需求價格，消費者就願意購買，高於心理需求價格，消費者就會放棄購買。因此，消費者剩餘實際上是消費者與商家的一種博弈，也就是我們平時說的「砍價」。

比如，你看中了一件衣服，這件衣服商家要價 500 元，而你願意支付的最高價格是 350 元，於是，你開始跟商家砍價。而商家不知道你的需求價格，只能通過逐步調低價格來盡可能地接近你的需求價格。經過多次砍價，最終你花了 330 元買下了這件衣服，同時獲得了 20 元的消費者剩餘。

與消費者剩餘相對應的是商家利潤，這兩者是轉化關係：消費者剩餘多了，商家利潤自然就少了；消費者剩餘少了，商家利潤自然就會多。商家希望利潤更多，而消費者希望消費者剩餘更多，因此兩者又是一種博弈關係。

消費者剩餘是消費者的主觀意願，商家利潤是商家的主觀意願。消費者花 330 元買了這件衣服，再低就買不下來，這說明，只要你給出的價格在商家看來沒有低於其成本價，且還有一定利

一點就通的經濟學「關鍵詞」

潤空間，他們主觀上可以接受的話，就會賣給你。

2015 年，華誼兄弟董事長王中軍在紐約蘇富比拍賣會上以 1.85 億元拍下畢加索於 1948 年創作的油畫《盤髮髻女子坐像》。這無疑是個天價。然而王中軍卻不這麼認為，在他看來這是超值的。因為他對這幅畫非常喜愛，一開始就愛上了這幅畫和它背後的故事。

用王中軍自己的話來説，他從這幅畫作中能欣賞到畢加索的繪畫天賦。此外，王中軍還以 3.77 億元購買下了梵高的《雛菊與罌粟花》，以 2.07 億元買下「唐宋八大家之一」曾鞏的傳世墨蹟《局事帖》。

對於絕大多數人來說，這些畫作雖然是傳世名作，可價格卻高得離譜。但對於王中軍來說，他覺得超值。這就是消費者剩餘 —— 在王中軍的心中，這些畫作的價值更高，因此他花天價買下了這些作品反而覺得自己是賺到了。

不過，有句俗話説得好：「買的總不如賣的精。」本是由消費者製造出來的消費者剩餘，已經被商家運用得嫻熟自如。

「規律性折扣」的例子

有一著名時裝連鎖店於一件商品還在熱銷期間就開始折扣優惠，而且不只是進行一次折扣優惠。在每一次折扣優惠的時候，都會提示消費者初始價格，讓消費者產生一種模糊的心理需求價格，哪怕並沒有想過要買這件商品，但看到其初始價格的時候，就會產生一種心理需求價格，折扣優惠後的價格是商品實際銷售價格，這兩者之間的差額會給消費者造成消費者剩餘的錯覺，倘若差額力度足夠大的話，消費者自然就會去購買。

這種製造「消費者剩餘」的招數吸引了很多消費者入店，一旦消費成功便吸納為他們的核心用戶。後來，其他店也參照這間連鎖店的方法實行折扣優惠模式，想要在「消費者剩餘」這一招上佔主導地位，以操縱消費者的主觀消費情緒，增加商品銷量。

最後，我們還要明白一點：不管是消費者剩餘，還是利潤，都有一定的限度。對商家來說，他們盡可能將消費者剩餘控制在正數，並且盡可能地減少消費者剩餘。這是由於消費者剩餘一旦成為負數，超過消費者的需求價格，消費者就不去購買了；而如果消費者剩餘過大，商家利潤就少了，這同樣是他們不願意看到的。

總而言之一句話：在買賣雙方的博弈中，消費者剩餘始終左右着消費者的購買行為。消費者和商家的博弈就是對消費者剩餘的試探，通過這種試探，最終達到一個雙方都能夠接受的價格，從而完成交易。

作為消費者，我們通過了解消費者剩餘，就能夠利用我們的心理價位，與商家更好地進行價格談判，就能夠用最少的錢買到自己喜歡的東西。

第 **2** 章

幽默解讀身邊的
經濟學現象

吉芬商品
爭相搶購的雨傘

邁克和傑森從地鐵站出來，發現外面下起了雨。有個小販在地鐵站旁邊賣雨傘，價格要比平常高兩倍，可大家還是爭相搶購。

邁克憤憤地說：「這哪裏是賣傘？簡直是搶錢！我們要堅決抵制這種惡劣的奸商行為！」說完，他拉起傑森向外面衝去。

雨愈下愈大，很快就將他倆淋成了落湯雞。傑森在連打了三個噴嚏後，開始埋怨起邁克。

邁克此時也十分懊惱，捶胸頓足地說：「我算是明白了，有些東西就得買漲不買跌。如果老天再給我一次機會，我願對那個小販說我愛他，哪怕他要二十倍的價格，我都給他。」

趣味點評

一場大雨讓雨傘這個平時銷量一般的商品有了更大需求，即使是價格節節攀升，也阻止不了消費者購買的熱情。邁克以為自己是個明白人，不落入奸商的圈套，最後現實給了他一巴掌，讓他清楚地意識到「有些東西價格愈貴愈要買」的道理。

在生活中，有些商品就是這樣，價格愈貴反而人們愈要買，這類商品在經濟學中被稱為「吉芬商品」。

經濟學解讀

在經濟學中，吉芬商品是一種特殊的商品。**一般情況下，在商品價格上升時，需求量應該下降，但吉芬商品卻恰好相反，它的需求量是隨着價格的增長而增加的。**

為甚麼會出現這種情況呢？看一下幽默故事中的雨傘，我們就清楚了。因為傘是下雨天的必需品，商販正是看準了這一點，才提高了雨傘的價格。為了擋雨，雨傘價格無論漲到多高，消費者都會購買，畢竟誰也不想被淋成「落湯雞」。

事實上，吉芬商品在我們的實際生活中普遍存在，只是平時容易被我們忽略而已。價格持續走高，需求卻並不減少，反而不斷增加，這就讓人不得不好奇吉芬商品到底有怎樣的來頭？吉芬商品到底有甚麼樣的魔力？

吉芬商品理論的開始

人們提出吉芬商品理論是在 1845 年。當時的愛爾蘭出現了百年一遇的大饑荒，這時愛爾蘭的特產薯仔價格越來越高。作為日常消費品，價格過高應該導致購買者越來越少才對。但愛爾蘭的特產薯仔卻不是這樣，人們像瘋了一樣地大肆購買，而且價格愈漲得快，人們就愈買得多。這一現象讓人們疑惑不解：薯仔價格高了，需求量反而增加，這顯然不符合一般人的普遍認知。

英國人吉芬對這一奇怪現象進行了研究，隨後他發現了其中的奧秘：當時，所有的生活必需品價格都在上漲，和其他日常消費的主要食材相比，雖然薯仔的價格也在不斷上漲，但是漲幅相對較小，相比之下薯仔價格相對便宜，是人們能夠消費得起的商品，於是薯仔價格雖然漲了，卻反而成了更受歡迎的熱賣商品。

吉芬發現了這個秘密，人們為了紀念他，就把這樣的商品稱為吉芬商品。

生活裏的吉芬商品

比如，珠寶商為了吸引消費者而推出的新款珠寶，雖然價格比一般的珠寶價格更高，但是卻吸引了更多消費者的關注，成交量反而比平時要高，而在珠寶公司，價格低的商品反而不容易引起人們的關注。這是因為在一般人的意識中，價格低意味着品質低，價格高意味着品質高。這是人的普遍心理，也是逐漸形成的一種消費思維定式。珠寶公司正是利用這點，從而打造出了新款珠寶這種吉芬商品。

抓住人們的消費心理，永遠是商家獲利的利器，是商家在競爭中立於不敗之地的法寶。珠寶並不是大眾型消費商品，尤其是高級珠寶，能夠消費得起的必然是有錢人。在這些人眼中，價格高的珠寶代表品質有保證，而且是身份和財富的象徵。商家正是抓住了人們的這一心理，讓高級珠寶與高級珠寶消費者之間形成了很好的結合。因此，即使高級珠寶價格持續增長，富裕階層消費者仍然願意花錢購買，這也是導致高級珠寶需求量居高不下的主要原因。

後來，很多商家都借鑑珠寶商的這一妙招，走精品路線，打造高級品牌，推出一系列高價商品，比如上萬元一盒的月餅、幾千元的大閘蟹禮盒等，這些都是吉芬商品的典型代表。這類吉芬商品有一個共同特點，就是它針對的都是富裕階層消費者。因為價格愈高，這些消費者愈有面了，心裏滿足感也愈強，他們也就愈願意為此付費。可見，吉芬商品既滿足了消費者的消費需求，又讓商家獲得了超額利潤，對於買賣雙方來說，算是實現了雙贏。

綜合所述，我們不難看出，吉芬商品雖然不符合一般的經濟學規律，但卻是真實存在於經濟學規律之外的特殊商品。這種特殊商品的存在，讓供求規律能夠更好地解讀某些經濟現象，我們只有掌握了這一規律，才能在消費的時候保持更加清醒的頭腦。

納什均衡
服毒自盡的雞

農戶養了一隻雞，每天定量給食，雞總抗議吃不飽。

農戶訓斥道：「你想吃白食？自己去找吃的去。」

雞隻得自己每天拼命找吃的，結果很快就長大了。

這天，農戶破例給了雞很多飼料，然後對雞說：「你快吃吧，今天是你的最後一頓，明天我要吃雞肉了。」

第二天，農戶去雞圈捉雞，頓時傻了眼。

原來雞已經服毒自盡了，牠留了一張紙條給牠的主人：「你想吃我！我死也不讓你如願。」

趣味點評

從農戶不給雞吃飽那一刻起，他和雞之間的博弈就開始了。雞知道農戶不會改變「定量餵養」的策略，於是就制訂出「自食其力」的決策。本來他們可以一直這樣下去，然而，當雞知道農戶要吃掉自己的決定後，為了反擊，牠選擇了服毒自殺，這對於雞來說是最有利的決定。

這則幽默故事説明了一個道理：當對手知道了你的底牌，知道了你的計劃之後，就可以做出最有利於自己的決定。而這個道理正是經濟學中的「納什均衡」理論：當你確信對手不改變策略的話，自己的策略也不會改變；當你知道了對手的計劃後，自然就會制訂出最有利於自己的策略。

　　「納什均衡」理論是由美國數學家納什提出來的，這個概念聽起來比較抽象，但在平時的生活中隨處可以見到。比如，年輕人都喜歡吃快餐，肯德基和麥當勞是大家最為熟悉的快餐品牌。如果細心留意就會發現，在很多地方，只要你看到肯德基，麥當勞肯定就在不遠處，二者就像是形影不離的「親兄弟」。其實，肯德基和麥當勞的店面選址就是採用了納什均衡理論。

肯德基 vs 麥當勞

　　眾所周知，肯德基和麥當勞的產品具有很大的相似性，價格也相差無幾。對消費者來說，選擇肯德基還是麥當勞都差不多，最終的選擇和他們的愛好沒甚麼關係，他們只是想吃快餐了，於是就選擇離自己更近的一家。

　　對肯德基和麥當勞來說，它們在選擇店面時自然是想吸引更多的消費者。如果兩者的店面相距較遠，不一定能吸引很多消費者，但兩家店挨在一起的話，消費者就會多一個選擇，如此一來，自然就會吸引很多消費者來店裏就餐消費。因此，兩家公司做出了在同一區域開店的策略。

　　在這個策略中，麥當勞和肯德基參與了博弈。它們的食物類型是一樣的，對於消費者來說不存在厚此薄彼的選擇，這一點對於麥當勞和肯德基來說，機會是均衡的，都能實現自身利益的最大化。基於這個前提，沒有任何一方願意改變「在同一區域開店」這個策略。而它們二者各自的策略就構成了一個策略組合，也就是納什均衡。

　　在這個策略組合中，麥當勞和肯德基參與了吸引消費者的博弈，但相互之間沒有利益往來，並不是合作關係。通過這一點我們又能看出，納什均衡是一種非合作博弈狀態。

從以上案例可以明確一點：競爭對手並不完全對自己無益，**有時候，和競爭對手離得近反而是一種利益上的促進和催化。**不只是麥當勞和肯德基如此，其他飯店之間也是如此。

比如，一條街上如果只有一家口碑平平的餐廳，那這家餐廳的生意十有八九好不到哪去。而如果一條街上都是餐廳，自然就能吸引更多的消費者。消費者不吃這家的，可能就會吃那家的，時間一長，就會對整條街上的餐廳更加熟悉，消費者自然也就會常到這條街上來就餐。這樣一來，每家餐廳都會有更多的消費者，每家餐廳都能夠從中獲益。可見，納什均衡影響下所形成的市場均衡局面，對於整個市場的發展有着極大好處。

在納什均衡局面下，每一個參與者都認為如果對方不改變策略，自己的策略就是最優策略。就像幽默故事中的農戶和雞，農戶的「定量餵養」策略不變，雞的「自食其力」策略也就不會變，而且這樣對他們雙方來說也的確都是最優策略：農戶節省了飼料，雞也有了獨立自主的能力。這是一種各方力量博弈下的均衡狀態。

然而，一旦其中的一個參與方做出改變，其他的參與方自然會做出相應的改變，此時均衡局面被打破。正如幽默故事中的農戶改變了策略，他想吃掉雞，於是雞也做出了策略改變，選擇服毒自殺。這樣一來，他們之間的均衡局面就被打破了。

納什均衡局面中的博弈方可以是兩個，也可以是 N 個。一旦其中一個博弈方做出策略改變時，其他博弈方就要面臨做出新策略，構建新的納什均衡的局面。在這種情況下，做出優勢策略就能得以生存，做出劣勢策略就會被淘汰。

南宋時期，蒙古、金國和南宋三分天下，處於一種納什均衡局面。隨着時間推移，蒙古軍力變得最為強大，金國的軍力次之，而南宋的軍力最為弱小。蒙古想一統天下，於是做出征伐的策略。蒙古的策略改變了，納什均衡局面被打破，金國和南宋就面臨着改變策略構建新的納什均衡的局面。

對於金國來説，單憑自己的力量難以抗衡蒙古的進攻，最終只能被滅國。南宋同樣如此，軍力最弱小，危險也最大。然而，南宋卻做出與蒙古聯合滅金的策略。金國滅亡之後，蒙古調轉槍頭滅了南宋，南宋因為自己做出劣勢策略最終被淘汰。顯然，南宋統治者的策略是愚蠢的，他最明智的做法是和金國聯合，構建新的納什均衡以抵抗蒙古進攻，才能盡可能地保持現有的局面。

納什均衡是經濟學中的一個基本理論，是市場力量相互作用下形成的一種暫時均衡的局面。這種局面對大多數參與者都很有利，即使是競爭對手，也可能因納什均衡而從中獲益。

可見，市場競爭並不是只有你死我活的激烈拼殺，也還可以開創雙贏的局面。商家往往利用納什均衡形成一種良性機制，讓競爭雙方彼此都能從中獲益。

邊際成本
替老闆着想

　　一個年輕人覺得自己的工資太少，於是找朋友傾訴委屈。

　　年輕人滿腹牢騷：「我只是比他們少了一點業績，就少這麼多工資，太不合理了！」

　　朋友勸慰他：「這就和養羊一樣。養得多了，成本就低，賺得自然就多。他們的業績多，成本更低了，他們賺得多是應該的。」

　　年輕人急忙辯解：「哼！我還不是替老闆着想才把業務做這麼少的。羊太多了會撐破羊圈，老闆不得花錢修羊圈啊！」

趣味點評

　　這位年輕人認為業績只是少了一點點，拿到的薪水卻少了很多，因而為自己鳴不平。朋友用養羊的道理來告訴他，別人的業績更多，帶來的利潤更大，自然得到的回報也就更多。在經濟學中，每一單位新增生產的產品帶來的總成本的增量被稱之為「邊際成本」。一般來說，隨着生產的產品總量的增加，邊際成本會逐漸降低。

經濟學解讀

任何產品的生產都有一定的成本。單個產品的生產成本是固定的,隨着產品數量的增加,成本會呈現出逐步減低的趨勢。這是因為不管是大量採購產品原材料帶來的價格優惠,還是產品研發中研發經費的分攤,抑或是產品工藝改進、工人熟悉生產帶來的廢品率的降低,這些都使得產品生產成本逐漸降低,也就是邊際成本越來越低。以下有三個邊際成本的例子:

1 B-2 轟炸機

B-2 轟炸機由波音公司研發生產,是當今世界上唯一一種隱身戰略轟炸機。1997 年,首批六架 B-2 轟炸機正式服役。一開始,美國的計劃是採購 133 架,波音公司的研發費用成本按照這個成品數量來計算的話,每台 B-2 轟炸機的造價約為 6 億美元。然而,最後美國只購買了 21 架,這致使每架 B-2 轟炸機分攤的研發費用高達 24 億美元。

在這個案例裏面,購買 21 架 B-2 轟炸機的總成本為 504 億美元,單機收購成本為 24 億美元,而購買 133 架總成本為 798 億美元,單機收購成本則為 6 億美元。也就是說,如果美國能夠進一步擴大採購數量,總成本雖有所增加,但單機收購成本則大幅下降。這就是經濟學中的「邊際成本」現象。

2 微軟公司

不僅購買產品時會存在邊際成本的現象,銷售方同樣也會存在邊際成本的現象。比爾·蓋茨是家喻戶曉的名人,曾長期佔據世界首富位置。他創建的微軟公司借助網絡的東風成為世界上最有影響力的公司之一,全球都在使用微軟的軟件,尤其是操作系統更是成為微軟的「金蛋」,給微軟公司帶來了巨大的收益。而這枚「金蛋」也完美地詮釋了邊際成本這一概念。

Windows 系統軟件第一代上市時，該產品的總成本包括兩部分，即不變的程序員研發費用和可變的維護費用。公司將其銷售價格定為 100 美元，這 100 美元中包含總成本均攤後的費用和利潤。隨着產品銷售數量越來越多，成本被均攤的次數也越來越多，可變的維護費用增加了，加上不變的研發費用，總成本也有所增加。

但即使總成本增加了，由於研發費用不變，因此均攤到每個產品上的邊際成本就會減少。隨着 Windows 系統軟件銷售數量的持續增加，邊際成本大幅降低，利潤自然更高。這也是微軟系統被稱為微軟「金蛋」的原因。

軟件作為一種特殊產品，一旦研發成功後，後續的生產成本幾乎為零，成本總量不會變，所以淨利潤非常高。對於普通產品來說，生產成本是不可能為零的，儘管研發成本是固定的，但產品原材料需要花錢購買，因此產品生產總成本會增加。不過，隨着產品數量增加，產品原材料價格會降低，再加上研發成本分攤得越來越少，所以單個成本也自然會降低。

3 航空公司

再來舉一個例子，從中我們可以更加直觀地看清楚邊際成本的真實面貌。在飛機起飛前，飛機票價是正常票價的十分之一。這是航空公司慣用的優惠營銷手段，很多人對於這一做法非常不理解。其實，這就是邊際成本帶來的營銷上的金點子。

對航空公司來說，不管賣了多少機票，飛機飛一趟的成本是固定的。假如一架飛機有 150 個座位，如果有 80 名乘客買票，那麼這一趟的成本就分攤在這 80 名乘客身上。如果飛機起飛之前還能夠賣出票，那麼這張票的邊際成本僅為一頓航空餐，簡直微小得可以忽略不計，因此飛機起飛之前賣出的機票收入可以看作是純利潤。所以，從理論上來說，即使飛機起飛之前的機票價格是 1 美元，也相當於航空公司多賺了 1 美元。

企業對邊際成本的高低非常重視，這關乎企業的利潤，關係着企業未來發展的成敗。由於企業的發展和邊際成本密切相關，企業總會想方設法增加產品數量，以利用邊際成本的降低來增加利潤。

　　然而，邊際成本並不是始終降低的，一旦產品的銷售超出一定規模，邊際成本就會增加，利潤也會降低，甚至會虧本。正如該幽默故事中那個年輕人後來的話，雖然不免強詞奪理，但深思後就會發現，事實上這的確是真實存在的現象。

　　比如，一個服裝加工廠每天可以加工 100 件衣服，成本為 50元，售價為每件 80 元，此時每件衣服的利潤為 30 元。如果此時廠房和機器還可以再多加工 20 件衣服，為此僅需增加一個工資為 200 元的工人，那這 20 件衣服的加工成本每件僅為 10 元，每件利潤則增至 70 元。但後來工廠要求加工數量再增加 500 件，這時需要添加 10 萬元的機器費用，即總成本增加了，同時，這部分費用是要階段性均攤到這 500 件衣服裏的，這意味着邊際成本也在遞增。

　　綜合所述，我們可以總結出邊際成本的增減規律：當實際產量未達到一定限度時，邊際成本隨產量的擴大而遞減；當實際產量超過一定限度時，邊際成本隨產量的擴大而遞增。因為當產量超過一定限度時，總固定成本就會遞增，也就是説「羊太多會導致老闆再花成本建造羊圈」，這也是不爭的事實。

慣性經濟
愛吃麵的老闆

一個男人當了大老闆後，還是總喜歡到兒時常去的那家街邊小攤上吃麵，每次還要求多放點辣椒。他的助理為此非常不理解。

助理不解地問：「老闆，你都這麼有錢了，怎麼還來這裏吃麵？」

老闆反問：「那你說我該去哪裏用餐？」

助理想當然地回答：「我認為老闆您應該請最優秀的大廚做最美味的飯菜來吃，那才是享受生活。」

老闆覺得很有道理，於是跟助理交代：「你說得對，這事交給你去辦。」

助理領命而去，很快便請來了廚藝最高的大廚給老闆做飯。

大廚問：「老闆，您想吃甚麼？」

老闆答：「煮一碗麵，哦，對了，煮好後多放點辣椒。」

趣味點評

老闆到與他身份不符的地方消費吃麵，助理覺得既有損老闆形象，又耽誤老闆品嚐天下美味，於是勸老闆聘請本市最優秀的廚師為他做最美味的佳餚。老闆接受了助理的建議。但當廚師問老闆想吃甚麼時，老闆還是提到了麵，而且還要多放辣椒，這就

是一種多年形成的消費習慣。

老闆的行為告訴我們：**一個人從年輕時就形成的消費習慣，即使是有錢了，身份變了，消費習慣卻不容易改變。** 這是經濟學中針對個人的穩定性消費行為的一種理論，與之相對應的就是「慣性經濟」。

經濟學解讀

「慣性經濟」是指在經濟領域裏，一個項目只要建設完成商業模式，並打開市場後，社交圈子便會不斷形成裂變。到那時，項目就會擁有一股慣性，即使領導者不再參與工作，項目也會持續地運行，參與者會越來越多，慣性經濟的力量也越來越大。

我們都知道，蘋果公司的創始人和領導者是喬布斯。在喬布斯患病之後，全世界都在關注他的公司，所有人都在為他擔心，甚至還有一部分人斷言：沒有了喬布斯，蘋果也就不復存在。然而喬布斯去世好幾年後，蘋果公司依然蓬勃發展着，猶如一輛高速行駛的貨車，從未停下來過。這就是慣性經濟的強大威力。

當喬布斯建成蘋果公司那一天起，iPhone 手機項目就已經開始運轉，大規模銷售為它打開市場，所有果粉聚在一起形成社群。此時的 iPhone 手機已經擁有一股慣性，無論誰是蘋果公司的老闆，它都會一直運行下去。後來的事實證明了這一點，喬布斯去世後，庫克上台，他率領蘋果公司在發展的道路上迅速奔跑，銷售業績一年高過一年。

通過這個案例我們不難看出，慣性經濟的力量就好比巨石從山頂向下滾動，只要具備慣性和引力，哪怕沒有外力推動它，也能愈滾愈快。

那麼，慣性經濟的慣性和引力從何而來呢？當然是消費者。慣性經濟中的商機，其實就是因消費者的消費習慣而帶來的商

機。就像幽默故事中的街邊小攤，幾十年如一日地經營一道麵，依然顧客不斷，其中不乏像大老闆這樣的人。他們有經濟能力去選擇更好的餐廳，但卻依然因為消費習慣經常光顧這家麵攤，給麵攤帶來了持續性收入，這就是慣性經濟的體現。

慣性經濟的力量是巨大的。商家一旦摸透了消費者的消費習慣，就能挖掘出無限的商機。這是因為對企業來說，消費者的消費習慣愈穩定，其對企業的忠誠度就愈高，企業的發展也就愈穩定。

企業要想有更好的發展，就要想辦法培養消費者的消費習慣。讓消費者養成消費習慣，企業自然就會擁有越來越龐大的消費者群體，從而獲得巨大的回報。因此，能否培養起消費者的消費習慣就成為了左右企業成敗的關鍵。

阿里巴巴作為一家互聯網企業，致力為消費者提供網絡購物平台。在淘寶網出現之後，人們的消費習慣開始改變，從以前的逛街購物轉變為現在的網上購物，這就是消費習慣的改變。這一改變賦予阿里巴巴平台以慣性經濟的力量，讓馬雲一躍成為中國首富，阿里巴巴也因此成為中國的造富神話。

之所以說慣性經濟的力量是巨大的，是因為消費者的消費習慣一旦形成後，它惠及的可能不只是一個企業，而是一個行業。比如，消費者的網絡購物習慣形成之後，不僅是阿里巴巴，像京東、蘇寧等網絡購物平台等也都紛紛受惠，獲得了極大發展，這就是巨大的慣性經濟力量所發揮的作用。

慣性經濟的力量來源是消費者的消費習慣，而消費者的消費習慣又來源於日常的每一個習慣性行為。也就是說，我們的每一個習慣性行為都和慣性經濟有關。比如，早晨起床後，我們瀏覽社交平台、讀讀新聞，這些都是習慣。在社交平台看到網上廣告，也許就會買些商品。別小看這一個習慣動作，在它背後崛起的卻是微商這個興旺的行業。

為了搭上慣性經濟這趟高速列車，商家每時每刻都在研究消費者的消費習慣。現在商場中所出現的試吃、試玩、試用的櫃檯，其實就是商家對消費者消費習慣的摸索。讓消費者先行體驗，體驗之後他們覺得滿意自然就會消費，如果不滿意，商家就知道哪些產品該停止生產。在這方面，化妝品試用最為明顯。女性消費者在購買化妝品的時候，難免對化妝品的效果有所質疑，而讓她們通過親身體驗感受到產品真實的使用效果後，大部分女性消費者就會選擇購買。

　　日常生活中，慣性經濟很容易被消費者忽視，然而它卻真實存在，並在潛移默化中影響着我們的消費行為。商家如果能夠掌握消費者的消費習慣，就能夠獲得消費者的認可，也就等於拿到了搭乘慣性經濟這趟高速列車的車票。

價格戰
不用媽媽給你買手機

新學期開學日，9歲的晨晨跟媽媽送剛考上大學的哥哥來學校報到。路上，他聽哥哥說報完到後想讓媽媽帶他去買手機，可是媽媽則因為錢的問題一直愁眉不展。

剛踏進校園，晨晨就看到兩條橫幅在風中飄揚，這是兩家手機運營商打出的促銷廣告。

只見左邊的橫幅上寫着：手機免費送，電話免費打。

而右邊的橫幅上寫着：送流量，聯繫同學不要錢，聯繫父母不要錢。

晨晨趕緊對哥哥說：「哥，不用媽媽給你買手機，我給你。」

哥哥一臉驚訝：「你怎麼給我？」

晨晨用小手指着橫幅，胸有成竹地說：「我去左邊領手機和電話費，去右邊領流量不就行了？」

趣味點評

晨晨看到校園裏的兩家手機運營商送手機、送流量的廣告，以為是同一家運營商搞的促銷優惠活動，為此開心得不得了；因為他覺得要是手機、流量和電話費都能免費拿到的話，媽媽就不

需為錢的事情發愁了。單純的晨晨並不懂得其實這是兩家運營商上演的價格戰。

流量、手機和電話費是運營商的主要產品，運營商的大部分利潤都來源於此。但為了吸納大一新生為自己的用戶，運營商們不惜免費送出自己的主打產品，以犧牲自己的一部分利潤為代價來爭奪消費者。這就是經濟學中著名的「價格戰」。

經濟學解讀

幽默故事中兩家運營商在校園爭搶客戶的競爭場景，對現在的消費者來說並不陌生。不僅如此，商場的各類促銷，如五一、十一、雙十一、雙十二等的降價優惠活動，都是價格戰的典型代表。

在經濟學中，「價格戰」指的是通過降低產品價格來打擊競爭對手，從而獲得競爭優勢的市場競爭行為。 價格戰通常更多應用於日常的促銷活動，價格低了，銷售數量就上來了。這樣一來，商家就能通過增加產品銷售數量獲得更多的利潤，同時對消費者也有很大的好處。

白象的價格戰

在 20 世紀 90 年代，白象是即食麵市場中的新品牌。當時白象的市場份額較低，想要發展，就必須和行業中的知名品牌爭奪市場。為此，白象是這樣做的：他們推出了每袋 100 克的即食麵，這比當時市場上每袋 70 克的即食麵要多出 30 克的量，而價格卻只稍微高一點點。對消費者來說，能夠用稍微高一點點的價格獲得更多的優惠，是一件非常划算的事情，於是紛紛購買白象即食麵。就這樣，白象很快就打開了市場。

白象的這種做法就是一種價格戰，而且這是一種推陳出新的價格戰。這與該幽默故事中手機運營商的戰術相同，其目的都不

在於立刻賺錢，而是先讓出一部分利潤給消費者，企業雖然沒有馬上獲利，但是卻獲得了消費者的認可。有了更大的市場後，企業便有了更多的銷量，利潤自然也就有了保障。

白象的價格戰非常具有前瞻性。通過推出新產品參與價格戰，並不會對企業已有的產品造成太大的衝擊，也不會造成企業內部產品相互間的價格競爭。而且這樣的做法會讓其他企業有些束手束腳，其他企業本身就有固定的產品，不太可能為了與白象競爭而專門推出類似的產品。因此難以參與到價格戰中。

白象即食麵也因此而將自己的產品與其他品牌的產品區分開來，這種特立獨行的做法更容易給消費者留下深刻的影響，而其他品牌的即食麵企業感到難以參與到價格戰中，只能被動挨打，畢竟不同的產品很難直接競爭。白象的這一戰術，簡直堪稱是「傷敵一千，自損為零」的妙招。

價格戰是企業競爭的一張王牌，是市場經濟發展的必然產物。企業想要在競爭中脫穎而出，就要擅長打價格戰。價格戰的戰術分很多種，有的殺傷力小，有的殺傷力大。對此，我們可以通過國內家電市場的價格戰來進行分析。

家電企業的價格戰

21 世紀初期，中國家電市場獲得迅速發展。伴隨家電企業數量日趨增多，企業間競爭也越來越激烈。為搶佔市場，家電企業之間打起了激烈的價格戰。由於此時家電的毛利潤很高，企業便以降低毛利潤來提高銷售量。經過第一波價格戰，家電市場毛利潤大幅度降低，帶來的結果就是：該做大的企業做大了，衍生了不少龍頭企業；該死掉的還沒死掉，如經營不善的中小家電企業，並沒有改變家電市場的格局。

顯然，降低毛利潤並不是企業之間生死存亡的戰爭。由於同類企業眾多，避免不了競爭慘烈。隨後的家電市場又通過進一步降低價格，拉開了第二波價格戰的序幕。

對於中小家電企業而言，如果說減少毛利潤只是傷及皮毛的話，那麼這次進一步降低價格則傷到了筋骨。中小家電企業的純利潤持續減少，資金鏈出現斷裂，無法及時進入市場，隨時面臨生存危機。它們無法及時進入的市場被大型家電企業佔領，大型家電企業的家電銷量快速增加，這使得減少的純利潤得到彌補。這一波價格戰給家電市場帶來了不小的衝擊，小型家電企業開始被兼併，市場格局開始發生變化。

接下來，第三波價格戰打響。這次戰爭更為慘烈，家電價格開始逼近企業的盈虧平衡點。沒有利潤，導致本來資金鏈就岌岌可危的小型家電企業在這次大戰中難以生存 —— 不參與價格戰就會失去市場，參與價格戰就等同於做虧本生意；總之，市場已經不再有它們的容身之處。最終，家電市場格局大變，中小家電企業不管是否參與價格戰都逐步被淘汰，家電產業集中度非常高。價格戰讓家電產業優勝劣汰，最終形成了新的產業格局。

在任何一個競爭激烈的行業中，企業數量愈多，企業之間的競爭愈激烈，價格戰就愈常見，打得也愈慘烈。對消費者來說，價格戰是好事，因為能得到實惠。

在將利潤作為戰術的價格戰中，有人哭有人笑，有企業為此喪命，也有企業因此壯大，甚至成為行業龍頭。

對企業來說，價格戰也能夠推動行業和產業格局的優化，對行業和產業的發展很有益處。作為消費者，我們還應注意一點，那就是要對價格戰之下的產品質量做到心中有數。如果產品質量沒有下降，只是價格降低了，自然最好；但若是以降低產品質量為代價的價格戰，那就是一種消費陷阱，對此，消費者一定要擦亮雙眼，避免蒙受損失。

替代效應
球隊真是雙喜臨門

　　王輝和李林是好兄弟，兩個人在同一支業餘球隊踢球。王輝是守門員，李林是後衛。王輝由於總是阻擋不住對方的射門，經常被老闆罵得狗血淋頭，最後老闆決定辭退他。

　　李林一直覺得自己是球隊的中堅力量，球隊離不開他，於是他堅定地告訴老闆：「他走，我也走！」

　　只見老闆聽了後，激動地拍了拍雙手，喜笑顏開地來了句：「哈哈，看來我們球隊真是雙喜臨門呀！」

趣味點評

　　王輝因守門太爛被老闆開除，李林作為其好朋友，自然想為王輝出頭。他覺得他在球隊裏是不可替代的，老闆肯定會為了留住他而不讓王輝走。老闆聽到這個消息，卻認為李林也走的話，對球隊來說真是「雙喜臨門」。顯然，在老闆眼中，李林並非不可替代，球隊離開他照樣玩得轉，這種現象在經濟學中被稱為「替代效應」。

　　「替代效應」是指在消費者實際收入不變的情況下，某種商品價格變化對其替代品需求量的影響。

　　生活中隨處可見替代效應。比如，蘋果價格大漲的時候，我們可以不吃蘋果，轉而吃橙等其他水果。相對於價格大漲的蘋果，橙等其他水果價格相對降低，這時替代效應就開始發揮作用，人們完全不必非得買價格大漲的蘋果，橙等價格相對較低的水果，反而因為蘋果價格大漲而受到更多消費者的青睞，更多的消費者選擇吃橙等價格相對較低的水果，因為這並不會影響到消費者的日常生活。

　　再比如，以前快遞業務基本上是郵局的主營業務，可自從快遞公司出現之後，人們發現快遞公司比郵局更加方便、更加高效，費用也更低，於是人們紛紛選擇快遞公司投寄包裹、信件等。這種選擇造成人們對郵政的需求降低，以前門庭若市的郵局現在門可羅雀。這就是替代效應的真實場景再現。

　　面對替代效應帶來的不良影響，商家一直在考慮「怎樣打造消費者不可替代的產品」這個問題。很多沒有找到答案的商家被替代出局，而那些找到問題答案的商家則都發展得如魚得水。

順豐快遞的故事

　　當快遞業在中國剛開始蓬勃發展時，大家的目標都盯在普通商品身上，順豐、中通、申通等所有的快遞公司都來分食這塊「蛋糕」，而這些快遞公司的業務範圍都相同，速度幾乎沒有差別，費用也相差無幾，消費者選用哪家都是一樣的。此時在消費者眼中，沒有哪家快遞公司是不可取代的。

　　順豐快遞公司的管理者看到這個情況後，意識到如果能夠做出改變，開創其他公司無法替代的業務，就能讓公司脫穎而出，

變得富有競爭力。於是順豐公司的管理者決定開創其他公司無法替代的業務。

在看到有着廣闊市場的生鮮商品快遞業務非常少後，順豐緊緊抓住這個機會，着力打造冷鏈運輸業務。該業務推出後馬上就受到了消費者的青睞，由於其他快遞公司沒有此業務，順豐也就無可替代地成為了消費者郵寄生鮮商品的唯一選擇。憑藉此項業務，順豐快遞很快佔據了冷鏈運輸的頭把交椅，並以此拉開了與競爭對手的差距。

嘗到甜頭的順豐快遞並未停止創新的腳步，而是接着在快遞速度上做起了文章。他們期望進一步拉開與其他快遞公司的差距，憑藉獨樹一幟的「順豐速度」，打造出「當日送出、第二天必到」的快速運輸，這一特點讓那些十萬火急的快件用戶紛紛轉向他們。順豐正是在這兩方面做到了無可替代，才能在激烈的快遞行業競爭中迅速崛起。

如果留心觀察生活，我們就會發現替代效應隨處可見。比如，豬肉價格從以前的 10 元左右一斤漲到了 50 多元一斤，所有人都感覺快吃不起豬肉了，於是很多人放棄豬肉，轉而開始吃雞肉、魚肉、鴨肉等。雖然這些肉類的價格也在上漲，但是相比於豬肉價格，消費者對這樣的漲價還是可以接受的。這樣不但減少了生活支出，還讓身體更加健康，一舉兩得。這就是替代效應的影響。

生活中的絕大多數商品都是可以替代的，只有極少數的特殊商品不可替代，比如古董、字畫等。這一類的商品比較特殊，不能量產，每一件都是獨一無二的。因為具有不可替代性，所以這一類商品的價格自然不菲。

從某種角度上來說，人的某些工作也是可替代的。比如，你可以做的工作別人也可以做，別人就可以替代你，這樣的工作報酬自然不會怎麼高。可如果你有一技之長，且是一般人都無法掌握的，你就具有了一定的不可替代性。

由此可見，工作的不可替代性就是指專業性的不可替代。一般來說，專業性強的工作，很難被人替代，報酬自然也高。比如說，辦公室文員的工作是很多人都可以做的一類工作，這個職位的可替代性就高；而律師、醫生等則屬專業性極強的工作，沒有專業背景的人很難替代，其可替代性就低。因此，要想擁有更加穩定的工作，就要努力讓自己更具專業性，讓自己變得不可替代。

　　企業研發產品也是同樣的道理。如果能夠研發出其他企業沒有的新產品，必然就會具備極強的市場競爭力，也就很難被其他企業的產品所替代。

第**3**章

風趣透析經濟學
熱點問題

貨幣契約
天堂裏的金條

有一個富翁，家裏有花不完的錢。他死後，一個天使告訴他可以帶一樣東西去天堂。富翁最終選擇帶一箱金條，這樣他在天堂裏也可以繼續過奢華的生活。

到天堂之後，他碰到了另一個天使。天使問他帶了甚麼東西，富翁得意地打開箱子，頓時四周金光閃閃、蓬蓽生輝。

天使感到十分不解：「奇怪！為甚麼你要帶一箱鋪地的磚塊？」

趣味點評

貨幣是財富的象徵，擁有貨幣就擁有財富。富翁擁有數不清的財富，他死後帶着金條去到天堂，希望在天堂裏仍然做一個富翁。然而，他忽視了一個問題，那就是：作為貨幣金屬的黃金，只有通過貨幣交易才有價值，如果沒有了貨幣交易，黃金就變得一文不值。因為天堂是沒有貨幣交易的，所以在天使眼裏，金條只是同磚塊一樣毫無價值的東西。

這個故事讓我們明白了**貨幣的本質 —— 充當交換媒介、價值尺度、儲藏手段、價格標準和延期支付標準的物品**，而體現這個本質的理論，就是經濟學中的「貨幣契約」。

經濟學解讀

在經濟學中，貨幣本質上也是商品，只不過它是從商品中分離出來的、固定地充當一般等價物的特殊商品，是商品交易發展到一定程度之後出現的產物。**現在，貨幣承擔着價值尺度、流通手段、支付手段、儲藏手段、世界貨幣五種基本職能，它的本質也從商品延伸為所有者之間關於交換權的契約。**

貨幣的起源

貨幣的出現和發展經歷了一個漫長的歷史時期，在不斷發展過程中，貨幣的神奇作用讓人歎為觀止。

在茹毛飲血的原始社會，為了生存，人們種田耕地、學習打獵、製造器具。這時貨幣還沒有出現。起初，大家通過物物交易來換取自己的生活所需。後來，隨着生活水平的提高和生活需求的擴大，人們發現物物交換太麻煩了，很難方便地獲取自己所需要的物品。

比如，甲手裏有一大塊肉，他想用肉換取鹽，當他找到手裏有鹽的乙想進行交換時，卻得知乙想換取的是打獵工具。於是，甲為了換取乙的鹽，就必須找到手裏有打獵工具的人，而這個人必須剛好需要肉……這樣兜兜轉轉，甲可能還是找不到能跟他物物交換的人。

貨幣的最初形態

為了解決這一問題，人類發明了一般等價物 —— 貝殼。有了這個一般等價物，甲就不用那麼費力了，他只需將肉換成一定數量的貝殼，然後拿着貝殼去找到手裏有鹽的乙進行交換，乙再去找別人用貝殼換取打獵工具即可。

再後來，人們發現貝殼等作為交換的一般等價物雖然減少了很多麻煩，但是不容易保存，攜帶起來也很不方便。在不斷選擇

新的一般等價物的過程中，人們發現金銀價值高、便於攜帶、不容易損毀，最適合作為一般等價物，於是將其固定為一般等價物，至此，貨幣正式出現。

貨幣的特點

它和商品交易共存，有了商品交易市場，才會出現貨幣，如果商品交易市場消失，貨幣也就不復存在。因此可以說，貨幣是所有者與市場關於交換權的一種契約。

貨幣契約體現出人們生活中最普遍的社會常識：通過出售自己的商品或勞動力來得到貨幣，並用這些貨幣來購買自己所需要的商品或服務。

企業製造產品賣給有需要的消費者，消費者用錢款換取自己需要的產品；打工族用勞力提供服務，老闆用工資換取這些服務……職場上的每個人每天都在做「吾以吾之所有予市場，以換吾之所需」這件事情，也就是說，我們無時無刻不處在貨幣契約的執行過程中。

只有貨幣的價值不復存在，貨幣契約才宣告終止。就好像幽默故事中富翁的那箱金條。在人間，存在換取消費品和服務的市場，黃金就價值連城。而天堂不需要消費品和服務，沒有了換取的市場，黃金的價值也就消失了，這時契約結束。

貨幣的形式

從傳統的金屬貨幣和紙幣，到現在的第三方支付、數字貨幣、虛擬貨幣等，真的是五花八門，讓人眼花繚亂。尤其是以支付寶、短訊支付等為首的第三方支付，大有替代紙幣一統貨幣江山的勢頭。

儘管身為經典貨幣代表的黃金，不會淪為幽默故事裏天使口中的「磚塊」，但一切都依賴於黃金的時代已經一去不復返。然而，不管貨幣的形勢如何變化，本質是不變的，它永遠都是商品交易的一般等價物，因此貨幣契約的意義也不會改變。

財政赤字
智商不夠用

一次聚會上，一個科學家遇到了三個年輕人，他興致勃勃地和他們聊了起來。

他問第一個年輕人的智商是多少，年輕人回答是140。

科學家高興地說：「非常好，我們可以聊太空探索。」

接下來，他問第二個年輕人的智商是多少，得到的回答是110。

科學家微笑着說：「不錯，我們可以聊一聊國內的經濟。」

最後，他問第三個年輕人的智商是多少，對方回答是75。

科學家隨即一愣，說：「嗯，那我們來預測一下明年的財政赤字吧！」

趣味點評

科學家是一個性格開朗的人，喜歡和年輕人聊天。他根據三個年輕人不同的智商選擇不同的聊天話題。科學家選擇和第三個年輕人聊財政赤字，其實這是一種黑色幽默。「財政赤字」指的是國家的財政收支不平衡，入不敷出。顯然，科學家的潛台詞是在說第三個年輕人的智商不夠用，出現了智商上的赤字。

「財政赤字」是指財政支出超過財政收入的部分。對國家來說，財政收支平衡最為重要，但這只是一種理想狀況，在現實中很難做到。畢竟國家對於財政資金的安排是通過財政預算來實現的，而財政預算很難做到精準地預估到各種問題，於是就可能出現財政資金支出過大的情況，這就是財政赤字。

一般來說，國家出現一定的財政赤字是正常的，只要財政赤字控制在合理範圍之內，就不會對國家經濟帶來明顯的影響，只有當財政赤字過大，才會對社會經濟和政府運作造成大的影響。

美國所面臨的財政赤字

2019 年 11 月 25 日，美國財政部公佈了 2019 財年（2018 年 10 月 1 日至 2019 年 9 月 30 日）美國聯邦政府財政赤字。相比於上一財年，美國聯邦政府財政赤字為 9,844 億美元，同比增長達到 26%，這是自 2012 年以來美國財政赤字最高的一年。

美國財政部公佈的數據顯示，2019 財年美國聯邦政府財政收入有小幅增長，增幅在 4% 左右，之所以財政赤字創出新高，和財政支出暴漲有直接關係，財政支出增幅超過 8%。雖然這一財年聯邦財政收入達到 3.462 萬億美元，但是財政支出卻高達 4.447 萬億美元，財政收入增速低於財政支出增速，因此財政赤字越來越大。

針對財政赤字，美國獨立研究機構聯邦預算問責委員會認為，美國下一財年財政赤字繼續擴大是不可避免的，幾乎可以肯定下一財年的財政赤字會突破 1 萬億美元大關，至於未來，財政赤字還可能繼續增長。他們認為美國財政赤字的高速增長是不正常的，也是不可能持續的，一味地加大財政支出並不是有效的解決辦法，而且他們指責這是一種不負責任的做法。

面對財政赤字問題，最有發言權的當屬美國國會預算辦公室。2019 年 8 月下旬，他們發佈了完整的報告，提出了對未來 10 年財政赤字的預測。他們認為自 2020 財年至 2029 財年，財政赤字增長將難以遏制，他們給出的預測數據是年均 1.2 萬億美元，這已經佔到美國 GDP 的 4% 還要多，而過去 50 年，這一數據是 2.9%。

作為世界上最有影響力的國家，美國財政赤字很有代表性。美國的財政支出面臨很多的問題，甚至出現過因為財政資金不足而導致政府關門的事件，讓人大跌眼鏡。通過這些現象我們不難看出，財政赤字會影響到整個國家的財政預算，對於財年的財政資金的安排會帶來很大的影響。如果財政赤字過大，政府部門的運作必然會受到影響，雖然不一定出現政府關門的情況，但是對於政府日常運作的影響是不可忽視的。

不單單在美國，歐洲國家現在也普遍面臨財政赤字的問題，這讓歐洲國家非常頭疼。歐盟在 2019 年 11 月 7 日公佈了歐元區經濟增長預測報告。其中，比利時的財政狀況最為讓人擔憂，根據報告的預測，比利時 2020 年的財政赤字將躍升至歐盟首位。

不同國家應對財政赤字持有不同的態度。一般來說，奉行積極財政政策的國家往往會在財政預算中預留出財政赤字的空間，將財政赤字控制在一定範圍內；因此，財政赤字不會對經濟發展和政府運作造成明顯的影響。

當美國和歐盟國家因為財政赤字而大傷腦筋時，中國卻在推行積極的財政政策，主動地控制財政赤字，讓財政赤字的增長控制在一定程度內。對中國來說，財政赤字的小幅度增長反而能帶來積極的影響和作用，在完全可控的財政政策之下，財政赤字並沒有成為制約中國發展的束縛，反而為中國財政政策的實施帶來了積極作用。

對國家來說，財政赤字很難避免。但如果赤字太大，就會引發通貨膨脹。為甚麼會出現這種情況呢？因為財政赤字過大的話，政府就會舉債或增加稅收，如果這些舉措還不能解決問題，

國家就只能發行貨幣來還債。貨幣發行過量會導致物價水平上漲，物價水平上漲會讓人們的消費增高，導致人心不安，引發社會動盪，如果持續下去，還會對市場機制造成破壞；因此，財政赤字需要引起各國政府的高度重視。

當然，我們也沒有必要「談虎色變」，只要國家將財政赤字控制在一定範圍內，讓財政赤字不至於失控，就不會對國家經濟造成大的負面影響，反而能夠發揮出財政資金更大的作用，為國家發展和政府運作帶來更好的幫助。

此外，我們也注意到，小部分國家不會出現財政赤字，甚至還會出現財政結餘，其實這也不完全是好事。因為稅收可以為國家籌集資金，籌集到的資金會成為財政支持的保障。如果財政資金有結餘，甚至是結餘過大，這表明國家稅收並沒有完全利用起來，這是對財政資金的一種浪費。因此，很多國家在安排財政預算之時，都會留出一定的預算資金的空缺，小幅度的財政赤字更有利於政府運作。

綜上所述，財政赤字有其存在的必要性，也有其不利的一面，這就像是一柄雙刃劍，關鍵看如何把握和取捨。

存款準備金
離婚也拿不到一分錢

英國人傑森決定創辦一家商業銀行，於是向中央銀行支付了一大筆存款準備金。

誰知傑森開辦的銀行門可羅雀，生意極其慘淡。此時家裏已經入不敷出，妻子要他把銀行關掉，但被他拒絕，為此妻子和他爭吵了很多次。

這天，妻子和丈夫溝通再次無果後，拿着離婚協議書就往外走。

傑森問：「親愛的，你去哪裏？」

妻子說：「我要去中央銀行離婚。」

傑森不解：「中央銀行？親愛的，你走錯地方了，我們兩個應該去法院。」

妻子回答：「不！親愛的，你已經身無分文，和你離婚也拿不到一分錢。」

趣味點評

傑森要開一家商業銀行，他是把家裏的一大筆錢存進中央銀行作為存款準備金，以此獲得開行資格。但他卻並沒有掙到錢，反而把家裏拖垮了。妻子鬧離婚時清楚地知道這一點，因此說自己去中央銀行離婚，其實就是在告訴傑森，自己要他關停銀行，取回那筆存款準備金。

經濟學解讀

存款準備金，是指金融機構為保證客戶提取存款和資金清算需要而準備的在中央銀行的存款。存款準備金設立的初衷在於保證銀行對客戶取款的支付，後來則逐步用於清算資金，現在已成為國家的一種貨幣政策工具。

現今，有小部分國家雖然也設立了存款準備金，但是存款準備金率為零，比如英國和加拿大等國家，在這些國家，存款準備金制度逐步被弱化。而在其他國家，存款準備金制度非常重要，其作為國家貨幣政策的重要工具，發揮着舉足輕重的作用。不管是在美國、日本，還是在歐元區的大部分國家，以及眾多的中小國家，存款準備金作為一項基本的金融制度，是國家調控貨幣、利率等的重要手段。

中國的存款準備金

在中國，存款準備金也是一種非常重要的金融調控手段，它作為中國應對經濟發展問題的一項基本金融制度，在經濟領域始終發揮着關鍵作用。

2019 年 9 月 16 日，中國人民銀行全面下調金融機構存款準備金率 0.5 個百分點（不含財務公司、金融租賃公司和汽車金融公司），這是根據中國經濟發展的新形勢，結合貨幣和金融調控的實際需求做出的決定。之後，中國人民銀行又以此為基礎，針對省級行政區域內經營的城市商業銀行做出了特別規定，定向下調存款準備金率 1 個百分點（10 月 15 日下調 0.5 個百分點，11 月 15 日再次下調 0.5 個百分點），這對地方的小微企業和民營企業尤為重要。

這一次降準能夠釋放長期資金 9,000 億元，其分為兩個基本的部分：全面降準能夠釋放 8,000 億元資金，定向降準能夠釋放 1,000 億元資金，可以為實體經濟帶來更好的資金支持，尤其是小

微企業和中小企業能夠得到更多發展資金，解決企業資金缺口問題，為企業發展注入活力。這體現出存款準備金作為貨幣政策工具的作用 —— 借助存款準備金利率調整，讓貨幣政策得以實施。

我們經常聽到新聞中報道國家上調或者是下調存款準備金利率，許多人對這方面並不是特別了解。想要了解存款準備金，必須對商業銀行有一定的了解。**商業銀行想要維持運營，創造利潤，就需要吸收存款；因為有了存款，商業銀行才能貸款，利用存貸款利息的差額賺取利潤。**

舉個例子來說，企業如果在銀行貸款 1 億元，經過各種流程審批，放款成功之後，企業賬戶上就有了 1 億元的貸款資金，企業可以利用這部分資金進行採購，維持企業生產。表面上看，好像是銀行創造了 1 億元的存款，其實不是這樣的，銀行只是給了企業 1 億元的貸款，而這 1 億元則是其他企業的存款，只不過銀行作為一個中介，實現了存貸款的轉換，供貨企業的存款變成了採購企業的貸款。雖然看起來是貸款發生在前面，其實是銀行本身已經吸收了 1 億元的存款，這個過程早已經完成，只不過給我們的感覺是銀行先放貸款，後吸收存款，這是一種時間結構上的錯誤感覺。

在這裏，還有一個前提非常重要，那就是供貨企業願意接受這家銀行的轉帳，這樣採購企業進行轉帳之後，供貨企業獲得的採購款就直接變成了這家銀行的存款。如果供貨企業不願意，採購企業就無法完成採購。

想讓採購企業同意銀行的轉帳，銀行必須讓供貨企業覺得銀行誠信度高，供貨企業可以隨時轉帳，隨時處理自己的賬上資金。不單單對企業，對個人來說，也是這個道理。不管是個人，還是企業，他們肯定不會在同一時間都去銀行取款；因此，銀行就可以留出部分的資金來滿足客戶的取款需求，這就是存款準備金。

對客戶來說，存款準備金愈多愈好，但是對銀行來說卻不是這樣。存款準備金愈多，存款準備金率就愈高，銀行能夠放出的

貸款就愈少；因此，為了保障銀行業的穩定發展，中國人民銀行會規定存款準備金率，這是保障金融秩序的一項金融政策。

比如，國家規定的存款準備金率為 20%，一家商業銀行有 100 億元存款準備金，最多能夠放出 500 億元的貸款；這就是存款準備金的作用。因此，每次的存款準備金率的調整對商業銀行都有着重要的影響，尤其是存款準備金率上調之後，銀行的貸款政策會收緊，不管是個人，還是企業，都會感覺到貸款審核更為嚴格，貸款審批更加艱難。

中國 2019 年最新降準實施之後，通過降準 0.5 個百分點就可以釋放出 9000 億元的資金，商業銀行可以讓這部分資金變為幾萬億元的貸款。這對於個人、企業和國家都非常重要，尤其是對於企業來說，獲得貸款變得更加容易，對中國經濟發展也有很大的幫助。

存款準備金看似與我們遙遠，其實與我們每個人息息相關。國家每次做出的降準決策，最終都會影響到國民的生活。對於存款準備金，我們需要全面了解，這也是公民關心國家經濟發展的一種表現。

按揭貸款
今天我們 AA 制

　　一群朋友聚會，平時次次都搶着付款的阿強，突然大聲説道：「提前説好，今天我們 AA 制。」

　　朋友們聽後面面相覷，覺得他今天的表現真是不同尋常。於是，大家問道：「你是不是失業了？」

　　只見阿強幽幽地回答：「我剛剛按揭貸款買了套房子。」

趣味點評

　　平時和朋友聚會從不計較開銷的阿強，突然變得要和大家 AA 制。大家了解之後才明白，不是他失業了，而是他按揭貸款買了房。每個月需要還房貸，經濟壓力陡增，花錢時自然不能再像以前那樣大手大腳。與此同時，阿強也通過「按揭貸款」，花「明天的錢」圓了「今天有房子」的夢想。

經濟學解讀

「**按揭貸款**」，是專門針對房地產的一個理論，指的是購房者以所購住房做抵押並由其所購買住房的房地產企業提供階段性擔保的個人住房貸款業務。按揭貸款的特點之一就是「花明天的錢，圓今天的夢」。而這個特點已經讓無數沒有能力全款買房的人提前擁有了屬自己的房子。

買房是當代年輕人最大的痛點。年輕人買房基本上都會貸款，背負上房貸壓力是不可避免的。畢竟年輕人剛剛工作不久，手中的存款不多，即使是有父母親朋的幫助，也很難一次性湊齊全款，基本上都是通過貸款來圓購房夢。

而這個夢是需要付出代價的，那就是背上大額貸款這座「大山」，用二三十年來償還貸款。比如一套房的房貸是 30 年，房貸為分期付款，每個月償還一部分，一直還滿 30 年。這種貸款就被稱為「按揭貸款」。

以中國為例，對於住房按揭貸款，大家需要有以下的了解。

1 貸款金額

根據中國人民銀行的規定，現在全國各地實施的基本上都是首套房 30% 的個人首付比例。比如，你買一套房子，這套房子總價為 100 萬元，那首付就需要 30 萬元，最高能從銀行貸款 70 萬元。

2 貸款方式

目前購房時的貸款方式主要為商業性貸款、住房公積金貸款以及兩者的組合貸款。至於選擇何種貸款方式，需要在銀行負責貸款的人員的指導下，按照自己的實際情況，選擇最有利於自己的貸款方式。

3 貸款利率

現在中國的銀行貸款基準利率為 4.9%（五年以上），各個地方的實際情況則略有不同。根據銀行的規定，在貸款基準利率基礎之上上浮還是下調，需要根據各地實際情況來決定。

4 還款方式

最常見的還款方式就是等額本息還款，即每個月還款的金額相同，這種方式適合收入穩定的購房者。另一種比較常見的還款方式就是等額本金還款，這種還款方式每個月償還的本金額度相等，相比於等額本息還款，總利息要少一些，但是前期的還款金額更多，還款壓力更大。還有一種還款方式比較少見，那就是一次性還清本息，當然，基本上沒有人選擇這種還款方式。

5 貸款期限

購房者可以根據自己的實際情況選擇貸款期限。中國人民銀行規定的最長貸款期限是 30 年。還款期限愈長，月供壓力就愈小，但是還款的總利息也就愈高，這就需要購房者結合自己的實際情況做出選擇。

按揭貸款為想要買房的年輕人提供了一個提前買房的機會。然而，按揭貸款對貸款人的還款能力是有一定要求的，對於那些僅有能力付首付，月收入低於月還款金額的人來説，他們是不會選擇按揭貸款購房的。

由此可以看出，按揭貸款只是為具備購房潛力的購房者提供了提前購房的機會。而且，按揭貸款無法創造新的財富；相反，購房者使用了按揭貸款買房後，是需要支付貸款利息的。

隨着房貸政策收緊，房貸審核越來越嚴格，以前能夠獲得房貸的部分人群現在可能無法獲得房貸資格，例如在中國，申請購房貸款時需提供個人徵信記錄，如信用不良的人會被一票否決。除此之外，低收入人群申請個人住房按揭貸款時也更加困難，尤

其是個人月收入與月還貸金額相差不多的人，基本上不具備個人住房貸款資格。再有，對於從事高危職業的人群，比如高空作業、危險化工品生產等的人群，銀行對他們的住房按揭貸款的審批可謂慎之又慎。

2019 年 8 月 29 日，國家金融與發展實驗室房地產金融研究中心發佈了《中國住房金融發展報告（2019）》。報告中提供的數據顯示，中國 2019 全年個人住房貸款增幅應在 20% 以內。這是根據 2019 年前半年的相關數據，結合「房住不炒」的理念，在首套房貸利率下調、二套房貸利率基本保持不變的基礎上做出的預測。同時，中國也出台了新的房貸政策，很多小城市房貸政策收緊，對房貸的審核更加嚴格，放待審批更加謹慎。

按揭貸款讓年輕人只需支付一部分房款就能夠買到房子，圓自己的住房夢，這無疑是件好事。雖然月供讓年輕人有了較大的經濟壓力，但與此同時，它也讓年輕人有了更強的工作動力。從這個方面來看，按揭貸款未嘗不是督促年輕人努力拼搏事業的一種有效方式。

人民幣升值
吃霸王餐的外國遊客

美國一背包客來中國旅遊，回國之後，迫不及待地和他的兩個朋友分享遊玩心得。

背包客說：「我 5 月份到中國旅遊，用 10 萬美元換了 62.5 萬元人民幣。在中國待了好幾個月還剩下 60 萬元人民幣。回國前，我將人民幣換成美元，沒想到還是 10 萬美元。你們猜是怎麼回事？」

其中一個朋友說：「還能怎麼回事？中國人民熱情好客，讓你免費旅遊。」

另一個朋友也緊跟着來了句：「你吃的是霸王餐。」

趣味點評

背包客的兩個朋友不懂「人民幣升值」，以為是中國人減免了外國人的開銷。背包客在花掉 2 萬多元人民幣後，還能夠兌換到最初的 10 萬美元，這就是人民幣升值給他帶來的好處。

　　「人民幣升值」，顧名思義，就是人民幣更值錢了，換一種說法就是人民幣的購買力比以前更強了。比如，原先用 100 元人民幣能夠在國際市場上購買一件產品，人民幣升值之後，只需要 90 元人民幣就能夠買到這件產品。當然，這裏說的人民幣升值必須在國際市場上才能實現，即只有通過不同國家之間的匯率才能體現出來。

　　通過財經數據提供的美元兌人民幣匯率可以看出：從 2018 年 9 月份到現在，人民幣經歷了一個先貶值再升值的過程，最低點在 2019 年 3 月 22 日，為 6.6674，最高點在 2019 年 9 月 6 日，為 7.1863，且從 2019 年 8 月到 11 月底，都維持在 7 以上。從不同時間段來看，從 2006 年初到 2014 年下半年，人民幣經歷了一個持續貶值的過程，而從 2014 年下半年開始到現在，人民幣升值是一個基本趨勢。

　　如果僅從國內生活消費來看，人民幣升值不會對普通人帶來影響；但是人民幣升值之後，其國際價值更大，相當於所有儲戶的人民幣更值錢了。對於有外幣存款的人來說，影響是直接的。比如，甲有 1,000 美元的存款，之前美元兌人民幣匯率是 7.1，相當於有 7,100 元的存款，而人民幣升值後，美元兌人民幣的匯率變成了 6.9，那就相當於變成了 6,900 元的存款，就損失了 200元。因此，對出國留學的人來說，人民幣升值對他們有好處，能夠減少他們的支出。

　　人民幣升值對企業的影響更大。對進口比重高的企業或者是有外債的企業來說，人民幣升值有很大的好處，而對出口企業或者是有大量外幣資產的企業來說則要承受不同程度的損失。人民幣升值對中國的經濟結構必然會帶來影響，通過對不同行業的影響最終體現在經濟結構上。

我們要理性看待人民幣升值這一現象，既要看到其好的一面，也要看到其負面影響。只有這樣，才能夠全面地理解人民幣升值。

人民幣升值的好處

從好的方面來看，人民幣升值帶來的是人民幣的購買力增強，這樣能夠增加進口，在一定程度上縮小中國貿易逆差。同時，人民幣升值對於出國旅遊、留學等都會帶來積極的影響，對於推動第三產業發展也有一定的幫助作用。

人民幣升值的弊處

從不利的方面看，人民幣升值會導致中國的外匯儲備縮水。國家外匯管理局提供的外匯儲備數據顯示，截止到中國 2019 年 10 月末的外匯儲備餘額為 31,052 億美元。對於龐大的外匯儲備來説，即使人民幣升值幅度非常小，外匯儲備縮水也會是一個天文數字。

人民幣為出口貿易帶來的衝擊

人民幣升值後，外國的進口貿易必然要付出更多的成本，這會在一定程度上影響到中國出口貿易，可能會給出口貿易帶來短時間的小幅度波動，但整體影響不是很大，人民幣緩慢升值帶來的影響仍然在可控範圍內。隨着中國對出口貿易的調整以及應對人民幣升值做出的決策，人民幣升值在一定範圍內對出口貿易的衝擊不大，出口貿易穩定性還是有保障的。此外，人民幣升值對中國出口勞務也會造成一定的負面影響，甚至會對外國投資造成影響。

近年來，人民幣升值是一個持續的過程。國家做出人民幣升值的決定，必然考慮到了各種影響因素，這是在當前國家經濟發展局勢下，參考國際經濟發展的實際情況，依託對未來國際貿易和經濟發展的預測，最終做出的人民幣升值決策。這是國家層面的貨幣調控，是最符合中國利益的決策。人民幣持續升值雖然在短時間內會對一些行業造成衝擊，給其帶來一定層面和程度的負

面影響，但從總體來看，仍舊利大於弊。

　　人民幣升值是一個熱點話題。很多人都在說人民幣升值了，人們手中的錢更值錢了。為此，可能很多人以前不打算出國旅遊，現在開始計劃出國旅遊了，這就是人民幣升值為國內人民帶來的實際好處。相比於人民幣升值對普通人帶來的好處，人民幣升值對中國企業、產業以及經濟結構的調整所帶來的積極作用更為明顯。人民幣升值是一個宏觀層面上的課題，既然是國家決策，就會受到外部各種因素的影響，因此可以說它是一個內外部因素綜合作用下的結果。

　　從近幾年情況看，人民幣升值是一個未來的基本趨勢。作為普通人，我們有必要去了解人民幣升值所帶來的影響。雖說我們目前可能不會去國外旅遊，也沒有外幣存款，人民幣升值不會對我們當下的生活帶來實際影響。不過，我們也要關注人民幣升值，這樣一來，我們今後在出國旅遊或者是送孩子出國留學的時候，就能夠從中獲益。

第 **4** 章

慧眼識別消費中的經濟學

虛榮效應
我要有鄰居沒有的

　　阿偉的一個朋友新買了一輛豪華私家車。阿偉好奇地問：「你是不是最近生意很好？」

　　朋友說：「我的鄰居買了一輛普通私家車，每天都在我門口經過。」

　　阿偉：「哦，這很正常啊！你家挨着馬路邊。我是問你是不是發財了，所以買了輛豪華車？」

　　朋友緩緩地說道：「不！我只是想要告訴鄰居，我有的他沒有。」

趣味點評

　　阿偉的朋友購買豪華車，並不是因為賺了大錢，而只是因為看到鄰居買了輛不錯的車，於是他一心想要超過鄰居，覺得不能在鄰居面前丟了面子。

　　虛榮心，人人都有。很多時候，商家的推銷也正是借助人們的這種心理，尤其是一些名牌商品的推銷。商家抓住了人們的虛榮心，就能夠更有針對性地、更加有效地推銷商品。

經濟學解讀

「虛榮心」,是指消費者想擁有只有少數人才能享用的或獨一無二的商品的偏好。**商家總是善於抓住消費者的虛榮心推出相關商品,由於虛榮心作祟,消費者往往很難抗拒消費衝動。**

世界上各大知名品牌在中國的店舖人滿為患,就連中國人出國旅遊也是買買買。因此,有人調侃中國人的旅遊像是一次大遷徙 ——「帶着錢出去,拎着包回來。」而其中奢侈品往往是必不可少的「戰利品」,它們已成為越來越多旅遊者必買清單上的首選。

2019 年麥肯錫報告顯示:中國奢侈品消費成為消費市場的一大亮點,每年的奢侈品消費金額超過 6,000 億元人民幣,大約佔到全球奢侈品市場消費總額的 1/3。在我們耳熟能詳的那些國外奢侈品品牌,都因為在中國市場的成功營銷而獲得了巨大的經濟回報。這其中折射出來的便是經濟學中的「虛榮效應」。

中國消費者對奢侈品的強烈喜愛和其虛榮心有很大關係。有一部分中國人有錢了,一般的消費已經難以滿足他們的消費需求,因此這些人將目光轉向象徵財富的奢侈品,而其他大眾消費者見此情景,也想讓自己擁有象徵財富的標誌,於是在虛榮心的驅使下,紛紛加入購買奢侈品的行列,儘管這些奢侈品不一定是他們所喜歡的,而且他們的消費能力有限,但依然還是會去衝動購買。

針對國際品牌的全年銷售數據來看,中國消費者是它們的主要消費群體。針對中國消費者的消費需求,這些奢侈品品牌還推出了更多的限量商品,以此作為吸引消費者的噱頭,讓消費者為了獲得別人沒有的奢侈品而大把花錢,甚至不惜徹夜排隊。

奢侈品消費是中國消費市場的一個窗口。對有錢的消費者來說,大眾消費已經難以滿足他們的消費心理,高級消費成為這部分消費者最新的追求。一般來說,高級消費面向的是特定群體

的消費者，這些消費者具有優越的經濟條件，更有較強的消費慾望。商家只需要推出高級商品，稍加引導，簡要進行宣傳，就能夠吸引消費者的目光。

在虛榮效應的影響下，消費者付出了更多的金錢。他們獲得的商品並不是使用價值有多麼高，而是這些商品更具品牌影響力。也就是說，這些商品背後代表的是大眾消費難以給予消費者的特權、地位及心理上的滿足感等，這些都是虛榮效應發揮作用的根源。

比如 20 世紀 90 年代，當時的「大哥大」手提電話成為有錢人的標籤，不管走到哪裏，左手公文包，右手大哥大，走起路來都虎虎生風，路人的眼神都透露着羨慕嫉妒恨。再比如，前些年每當 iPhone 手機新品推出後就供不應求，一度掀起消費者連夜排隊搶購的瘋狂銷售場面，其背後也是虛榮效應在起作用。

有的奢侈品採用限量銷售模式，並不是因為商品的生產力低下，而是商家刻意限制產量，通過打造商品數量稀少的概念，有意營造稀缺商品的氛圍。比如，知名的奢侈品品牌，上市的每一款限量版拎包都讓消費者瘋狂。同一款包的數量很少，很多女性都想方設法在第一時間購買，即使是加價購買。因為這樣，更能滿足消費者的虛榮心，更能讓消費者果斷出手。商家之所以能夠做到讓消費者做出這樣的消費選擇，就是因為從根本上抓住了消費者的這一消費心理，可謂是將虛榮效應應用到了極致。

此外，虛榮效應和消費者「特立獨行」的心理特徵也有一定關係。消費者希望自己能夠和其他消費者不同，至少和大多數的消費者不同，於是就產生了新的消費需求，那就是 —— 別人沒有的我要有。商家很好地滿足了消費者的這種消費需求。對消費者來說，人人都有的商品不值得付出太多金錢，而如果大多數人都沒有的商品，則非常值得付出更多的金錢。

在生活中，如果留心觀察就會發現，虛榮效應其實相當常見。虛榮效應和人的虛榮心有直接關係，只要有虛榮心存在，虛榮效應就不會消失，反而會越來越影響消費者的消費心理。如

今，虛榮效應已經成為商家營銷的重要手段，通過虛榮效應，
商家制定營銷策略，讓消費者心甘情願地掏出大把的錢為商品
結賬。

羊群效應
該死的噴嚏

　　一個年輕人站在街頭，仰頭望天。其他行人見此情景，也紛紛仰頭望天。不一會兒，街中心就站滿了一大群望天的人。

　　好一會兒，人們都不見天上有甚麼異樣的景象。有人沉不住氣了，納悶地問那個年輕人：「小夥子，你究竟在看甚麼？」

　　小夥子鬱悶地回答：「這該死的噴嚏，想打卻總也打不出來！」

趣味點評

　　人們看到年輕人抬頭望天，也不問清楚原因就馬上跟風，最後才知道年輕人並不是在看天空中的奇特景觀，而只是因為他想要打個噴嚏。人們由於沒有在主觀上過多思考年輕人的舉止行為，在不了解事情前因後果的情況下就盲目跟風，所以鬧出了這個笑話。

　　事實上，市場上的消費者與這則幽默故事中的大眾極為相似：沒有獲得第一手資料和訊息，只是根據其他消費者的行為便跟風消費。這種現象在經濟學中被稱為「羊群效應」。

經濟學解讀

在經濟學中,「羊群效應」指的是消費者的一種跟風心理。一般來說,羊群是沒有組織的,牧羊人要想讓羊群朝一個方向走,最簡單的方法就是先讓一隻羊朝這個方向走,後面的羊就都會跟着走過來。

消費者在日常生活中也經常會遇到這樣的情形:某一個人買了一件商品,於是就有人也馬上跟風購買,卻完全不去考慮這件商品是不是自己真正需要的,結果買了之後放在家裏一角,甚至一次都沒有使用過就扔掉了。

大受歡迎的「小罐茶」

2018 年,中國市場上的「小罐茶」堪稱家喻戶曉。以前的茶葉多是袋裝,這時候小罐茶出現了,廣告接踵而至,電視上那些小罐茶製茶大師頻頻露臉,他們用盡各種讚美的語言來描述小罐茶,小罐茶也因此出現在了千家萬戶的茶几上。

對消費者來說,小罐茶和袋裝茶有本質上的差別嗎?當然沒有。消費者選擇小罐茶,可能是因為親戚、朋友買了,因此覺得這東西應該不錯,於是就跟着買了;更有甚者,見朋友們都在談論小罐茶,到朋友家裏作客時朋友也都是拿出小罐茶來招待,如果自己家裏沒有小罐茶,就總覺得自己丟面,所以趕緊跟風購買。

小罐茶的大受歡迎背後其實就是羊群效應在發揮作用。這類消費者並不是因為需求而選擇小罐茶,而是因為看到別的消費者選擇了小罐茶,自己也要去購買。他們覺得這並沒有甚麼不好,根本就沒有發現自己在不經意間已經成了跟風的消費者,成了羊群效應的「示範者」。

在生活中,你可能會發現,如果是你一個人去超市購物的話,往往都是買之前就已經決定好了要買甚麼,到超市後直奔主

題，買完就回家了。可如果是兩人或多人一起去買東西，回家之後往往發現自己買了一些不在自己購物計劃之內的東西，這些東西並不急需，甚至完全不需要，也不知自己為甚麼就買了。這就是羊群效應影響我們消費的典型例子。

「明星飲品」王老吉

前些年，「怕上火，喝王老吉」成為電視上一條大受歡迎的廣告語，憑藉這句廣告詞讓這款功能性飲品迅速成為了家喻戶曉的「明星飲品」。涼茶本來是南方的飲品，北方基本上沒有喝涼茶的習慣，然而這句廣告語就如同有了魔力一樣，讓涼茶一下子成了中國消費者的新選擇，王老吉也因此走向了中國消費者的餐桌。

王老吉藥業非常聰明，他們主打「去火」概念，讓消費者將王老吉視為一種預防上火的必備功能型飲品，而不是一種普通的涼茶。起初，大家一起聚會時，有些人見別人在喝王老吉，也就跟風選擇王老吉，甚至很多人平時從不喝涼茶，在看到別人喝王老吉之後，也嘗試着去喝。這並不是說王老吉有多麼好喝，或是說王老吉預防上火的效果有多麼好，而是消費者受到其他消費者的影響，在羊群效應的作用下所產生的一種跟風消費。

留心觀察的話，不難注意到，現在的年輕人更容易受到別人的影響，尤其是在消費領域。比如，很多大學生看到別人買了新手機，哪怕自己的手機毫無毛病，也會跟風買；幾個人一起逛街，本來是陪一個人買衣服，最後每個人都買了件新衣服，這也是羊群效應的體現。

其實，很多商家的折扣優惠促銷活動，也是基於這方面的考慮。通過折扣優惠促銷，吸引消費者購買，有了一部分消費者購買，就會有更多的消費者跟風購買。更有甚者，為了吸引消費者，會找幾個熟人做媒，先在攤前圍起來哄搶，以此吸引更多的人群圍觀，於是在羊群效應的作用下，就會有更多的消費者跟風購買。

羊群效應反映出一個最基本的經濟學原理：很多時候，消費

者並沒有明確的消費目標，只是受到身邊人的影響，讓他們從沒**想過購買變成了想要購買，從想要購買變成了實際購買。**而商家正是根據消費者這種跟風心理進行宣傳，從而影響消費者的消費決策，以此賣出商品。

「群眾的眼睛是雪亮的。」這句話放在跟風消費中卻有些不合適。在羊群效應下，大眾在消費時極易受到他人消費的影響，反而缺乏「一雙雪亮的眼睛」。很多消費者在跟風消費之後都會後悔。為了避免這種情況出現，就需要消費者有自己明確的消費計劃，對自己的消費需求有清晰的了解，避免因跟風消費而讓自己陷入經濟窘境。

因此，在消費之前，消費者需要認真思考購物動機，別因一時衝動而盲目跟風，全然不顧自己的經濟能力，完全不考慮自己是否需要，而讓自己陷入衝動消費的旋渦中無法自拔。

消費者偏好
我喜歡東坡肉

　　三個人在一起聊天，聊到蘇東坡時，三人都對蘇東坡的才華大加讚賞。

　　第一個人說：「我喜歡蘇東坡的詩。」

　　另一個人說：「我喜歡蘇東坡的畫。」

　　這兩人一起看向第三個人，問他喜歡蘇東坡哪一點。

　　第三個人哈哈大笑道：「我喜歡東坡肉。」

趣味點評

　　每個人的喜好都是不同的，就像有的人喜歡蘇東坡的詩，有的人喜歡他的畫，有的人喜歡的是「東坡肉」。這就是眾口難調的消費者偏好。消費者的需求總是因人而異的；因此，**如何根據不同的消費者的需求去調整產品策略，成為了商家制勝的關鍵。**

　　經濟學家們針對這一點提出了「消費者偏好」理論：消費者偏好甚麼商品，商家就提供甚麼商品。只有這樣，商家的商品才能賣出去從而獲利。如果不重視消費者偏好，生產的商品不符合消費者的口味，那商品自然就沒有銷路，商家虧損甚至破產也就在所難免。

　　經濟學家在觀察消費者的消費特徵後發現，「消費者偏好」是影響市場需求的一個重要因素。甚至在一定程度上可以説，消費者偏好決定着市場商品的命運。也正因為有消費者偏好的存在，市場上的商品才會通過市場優勝劣汰的規律不斷完善，更加符合消費者偏好。

　　那麼，消費者偏好是指甚麼呢？**「消費者偏好」就是指結合消費者當地的社會環境、風俗習慣和時尚變化等因素而呈現出來的某一消費群體的個性化喜好。**

　　商品要有質量保證，這個是對商品銷售的基本要求，是商品使用價值的體現。然而，僅有這一點是不夠的，商家還要深入研究消費者的偏好，知道消費者喜歡甚麼樣的商品，然後向消費者提供這樣的商品，這樣一來，商家生產的商品才能夠得到消費者的認可，獲得更好的銷路。

　　消費者偏好是企業成功的關鍵，滿足消費者偏好就能夠獲得好的發展；反之，如果不顧及消費者偏好，商品就會失去針對性，很難獲得消費者認可，商家也就很難有好的發展。

　　消費者永遠是市場的試金石。消費者認可的商品就是好商品，一款商品得到了消費者的認可就會有好的未來；否則，即使商品的品質再高，若不是消費者喜歡的，就得不到消費者的認可，也就不能為企業創造價值。

　　對企業來説，進入全新的市場會面臨更大的競爭，此時更需要對消費者偏好有精準的把握。通過市場調研，提前掌握新市場的消費者偏好，以此為基礎，有針對性地推出產品，才能夠獲得成功。

巴黎歐萊雅集團在中國的成功，也是因為抓住了消費者偏好。從進入中國市場開始，歐萊雅就根據中國女性消費者「偏愛內斂」、「越來越重視自我價值」的消費偏好確立了「優雅」的品牌形象，通過「巴黎歐萊雅，你值得擁有」的宣傳營銷語，讓這一理念深入到了每一位中國女性消費者的內心。

讓我們來看看歐萊雅是如何在細節上把握中國女性消費者的消費偏好的。一開始，歐萊雅進入中國時面對的主要是中高級消費者，企業着力為這類人士提供各種彩妝、護膚產品和服務。後來，歐萊雅發現，這些中高端消費者對於彩妝和護膚產品都有着相同的消費偏好 —— 那就是白皙、明亮、細膩、潤澤。於是歐萊雅針對這一偏好推出了眾多的新產品。比如說唇膏這一款產品，從顏色上分為粉紅、大紅、無色等多種；從功能上具有保濕、提亮、補水等不同功效，消費者完全可以根據自己的偏好進行選擇。

事實證明，巴黎歐萊雅集團根據中國女性消費者的消費偏好，提供更加有針對性的產品，為擁有不同消費偏好的消費者帶來了更多的選擇，消費者忠誠度也隨之大幅提升。正是抓住了這一點，巴黎歐萊雅集團才能夠在中國市場上得以快速發展。

企業一定要記住：不管何時，只要抓住了消費者的需求，就抓住了市場份額。企業要充分了解消費者喜歡甚麼，要對消費者偏好有精準的把握，才能在激烈的市場競爭中脫穎而出。

價格陷阱
提前把價格抬高 40%

　　阿奇開了家網店，「雙十一」活動期間訂單如雪片般從天而降，他忙得連飯都顧不上吃，活動結束後他大賺了一筆。這讓同為網店店主的朋友羨慕不已，因為這個朋友網店的「雙十一」銷售量非常慘淡。

　　朋友問阿奇：「為甚麼你的網店雙十一訂單那麼多，我的網店卻這麼少？」

　　阿奇說：「我的商品雙十一降價 20％。你的降價了嗎？」

　　朋友困惑不解：「降價幅度這麼高，你不是白忙了嗎？為甚麼還賺了這麼多錢？」

　　阿奇得意地笑道：「白忙？怎麼會！我提前把價格漲高了 40％！」

趣味點評

　　俗話說得好：買的沒有賣的精。在價格方面，對消費者來說，商家總是佔據着有利的地位。阿奇的網店「雙十一」訂單多如牛毛，他利用的就是「價格陷阱」，提前提高商品價格，然後再降價，這讓消費者產生了一種「買到就是賺到」的假象。日常生活中，價格陷阱非常常見，消費者稍不留意，就會中招被騙。

「價格陷阱」，一般來説，指的就是賣方利用傳遞商品價格上漲訊息和人們對漲價的不安情緒所投的誘餌，將買方的注意力吸引到價格上來，從而使買方忽略對其他條款的討價還價。

先是標高商品的原價，再配以誘人的折扣促銷，是商家目前最為常見的價格陷阱。由於消費者對於商品的價格不夠了解，尤其是對商品在一段時間內的價格不可能有完全的了解，商家便通過這種價格陷阱達到其促銷目的，從坑害消費者的行為當中獲取暴利。

幽默故事中的店主阿奇就是個典型的例子。他提前把價格漲高了 40%，然後在「雙十一」之前再把價格降低 20%，不了解這個情況的消費者認為「雙十一」降價 20% 是很大的優惠，於是紛紛下單購買。消費者本來是希望趁「雙十一」用便宜的價格買到自己心儀的商品，殊不知最終卻比平時買的價格還要貴，而阿奇通過這種價格陷阱的操作，訂單大增，狠狠賺了一把。

某超市進行過一場以「購物滿額送禮」為主題的促銷活動。活動期間，一款電飯煲折扣優惠後標價 239 元。但其實這款電飯煲在店家促銷活動之前的價格為 199 元。商家的這種做法就是明顯的價格陷阱，是一種坑騙消費者的行為，通過在價格上做文章，給消費者一種價格假象，誘導消費者上當受騙。

用折扣優惠促銷活動為幌子來吸引消費者，明明變相提高了價格，反而給消費者一種降價的假象。如果消費者不了解實際情況，不清楚這款產品之前的實際價格，就很容易被促銷活動吸引而上當受騙。

不僅僅是日常生活用品存在諸多價格陷阱，那些高單價商品也存在不少價格陷阱。如果消費者不能慧眼識真，就很有可能跌進陷阱，最後本來是想省錢，實際上卻會多花不少冤枉錢。

現在的價格陷阱可謂是五花八門，消費者如果不注意，很有可能就會中招。一般來説，價格陷阱有六大類。

1 假折扣優惠

價格明降暗升。這一類的價格陷阱最常見，也是商家促銷時的慣用伎倆。比如，商家提出「原價 300 元，現價 190 元」的促銷活動，實際上原價就是 190 元，甚至可能還會低於 190 元。

2 促銷標籤內容模糊不清

比如，有服裝店裏的服裝促銷標籤內容非常簡單，上面只標着「羽絨服，驚爆價 228 元」，可如果消費者提出想看下這件羽絨服前段時間的價格，也就是交易的票據，店家則不會提供。

3 購物返券限制多

比如，消費者在商場中看到「購物滿 300 送 30 元」的促銷活動，可購買完之後才發現，這 30 元並不是現金，而是購物券，並且是指定了特定商品的購物券。看似消費者獲得了優惠，然而卻只能繼續購買商家指定的商品才能夠兌現優惠，這樣的話，商家賺得更多，消費者卻有可能買到自己不需要的商品。

4 「買一送一」

這類價格陷阱其實是捆綁銷售。比如，在商場中經常見到兩袋洗衣粉綁到一起進行銷售，其實這兩袋洗衣粉的價格和單獨購買兩袋洗衣粉的價格幾乎沒有差別。

5 虛假優惠

很多店家都會打出「清倉大減價」、「市場最低價」、「特價」等顯眼的促銷招牌，但是消費者對這些訊息沒有辦法對比，也就無法辨別這類優惠活動的真假。

6 質量不能保證

有的商品確實是折扣優惠了，但是質量卻很難得到保證。也就是說，價格折扣優惠了，質量也隨之打了折扣。相比於其他價格陷阱，這一類的價格陷阱最難發現。一般來說，這種情況商家往往不會提供購物發票，一些小攤販經常會採取這種方式，一旦消費者發現商品質量問題，根本不可能退換貨，只能自己承擔損失。

消費者在進行消費時，隨時都可能面臨價格陷阱，這時需要消費者自己做出理性判斷。作為消費者，要想更好地識別價格陷阱，不被價格陷阱迷惑，首先就是不要輕易相信店家宣傳的促銷活動。面對各類促銷活動，尤其是價格看起來非常便宜，與同類商品價格差別較大時，更需要保持頭腦冷靜，避免衝動購買，秉持「一分價錢一分貨」的理念，才能不被優惠價格蒙蔽住雙眼。

此外，消費者在消費前要有明確的消費目標，對於計劃外的商品，尤其是暫時用不到的商品，即使價格再誘人，也不要衝動購買，否則很有可能買到之後放着不用，造成浪費。

總之，在面對形形色色的價格陷阱時，消費者要始終記住一句話：只要用心去判斷，不貪圖小便宜，就不會吃大虧。

示範效應
多在「賣」字頭上

　　小馬的朋友是個狂熱追星族。這天，他來找小馬玩，只見他身穿一件豹紋上衣和一條花褲子，小馬差點兒沒認出來。

　　朋友炫耀説：「小馬，快看我的明星同款，很貴的喲，花了我一個月的工資呢！好不好看，有沒有型？」

　　小馬説：「這麼貴，當然好看。而且論有型，你比明星還要多一點。」

　　朋友得意地擺出一個姿勢，興奮地追問道：「我也覺得自己穿上比明星好看。那你快説説，我比明星多哪一點？」

　　小馬回道：「多就多在『賣』字頭上。人家明星是買家秀，你是賣家秀。」

趣味點評

　　在粉絲眼中，明星的影響力無疑是巨大的，粉絲追星過程中，看到明星的穿着打扮，自然也會效仿，這就是明星的示範效應。小馬的朋友是一個追星族，看到自己喜愛的明星的穿着打扮，也馬上買回來了同款；但是因為自己的原因，穿出來的效果和明星相比簡直是天差地別，小馬就巧妙地利用「淘寶賣家秀和買家秀」這句話來調侃朋友。

事實上，小馬的朋友受明星影響，模仿明星打扮，這反映出的就是經濟學中的「示範效應」：即消費者的消費行為會受到其他人的影響。

經濟學解讀

經濟學家們研究後發現，消費者的消費行為會受到周圍人們消費水準的影響，這一現象被稱之為「示範效應」。

作為普通消費者，我們的消費不僅僅受到經濟能力的影響，還會受到其他人的影響，這是不可避免的。最常見的就是受到身邊親朋好友的影響，他們的消費會直接影響到我們的消費選擇。這點很好理解，在此不做過多闡述。

明星示範效應

示範效應有很多種，互聯網時代最具特色的示範效應便是明星示範效應，這種示範效應已經給整個社會的消費帶來了翻天覆地的變化。鑑於明星的示範效應影響更為普遍，影響力更為巨大，我們在這裏主要闡述一下明星示範效應對消費者消費行為的具體影響。

像幽默故事中小馬的朋友，他的消費能力並不高，但因為他喜歡明星，受到明星的影響，於是強行拉高自己的消費水準去購買明星同款服裝。在明星示範效應的帶動下，像小馬這樣的粉絲消費會產生巨大的經濟效益，從而給商家帶來豐厚的利潤，這就是示範效應的典型案例。

商家正是看中明星示範效應的這一點，所以喜歡利用明星做廣告宣傳，以此拓展品牌影響力，發揮示範效應，吸引消費者，擴大商品銷量。

在中國，李寧絕對是一個傳奇 —— 曾經的「體操王子」，現在

的商業典範。李寧品牌早就是著名的體育運動服裝品牌，但在互聯網時代卻有些不敵那些潮牌的競爭。這時，李寧想到了示範效應。

2019 年 2 月，李寧品牌去巴黎時裝周表演，瞬間成為新的「國潮」代表。之後李寧在中國大受歡迎，在網上平台上，李寧時裝周 T 台同款服裝賣得非常受歡迎，甚至出現了缺貨。

借助巴黎時裝周的「東風」，李寧在網上平台推出「啟程潮流運動休閒鞋」、「極光天行潮流休閒鞋」、「李寧 BOX 文字 T 恤」和「李寧體操王子圖案 T 恤」等 13 款單品，之後在短短幾分鐘的時間內，一下子就創造出了幾千件的驚人銷量，明星示範效應的巨大威力由此可見一斑。

商家非常重視示範效應，而明星無疑是這種示範效應的最佳人選。現在的大品牌通常都會選擇明星作為其代言人，商家看中的正是明星的影響力，利用這些明星自帶的名人效應和粉絲效應來吸引消費者，擴大品牌宣傳力度，增強品牌競爭力和號召力，帶動銷售額的提升。

明星通過對產品的使用，將產品的獨特魅力展現給消費者。**在明星示範效應帶動下，商家的品牌影響力空前擴大，產品自然會受到消費者的認可。**因此，在企業營銷策略中，產品的明星示範效應成為了企業宣傳的重要手段，在示範效應作用下，消費者就會被影響，進而選擇產品，成為產品的忠實用戶。

明星示範是一種參考

作為消費者來說，明星示範效應可以作為一種參考，但卻不應成為購買產品的首要因素。消費者購買產品時，要根據自己的需求，結合自身的實際情況做出決定。如果僅僅是依靠明星的宣傳就做出消費決策，這就屬一種非理性的盲目衝動式消費行為。

明星示範是一種粉絲經濟

商家和明星合作，明星在使用產品之後進行推薦，通過廣告或者微博等一系列的宣傳營銷手段，將產品推向廣大的粉絲。明

星通過自己的知名度賦予品牌更多的影響力，讓更多的粉絲了解產品，對產品感興趣，進而使用產品，成為產品的消費者。

明星示範是一種合作

對消費者來說，這也是他們能夠更好地了解一款產品的途徑和方式。需要注意的是，並不是所有的明星代言或者宣傳的產品都有足夠的質量保證，這個需要消費者自行去判斷。消費者選擇產品時，不僅要結合自己的需求，同時還應考察產品的質量，而不應僅僅因喜歡某個明星，就跟風消費其代言的產品。畢竟，新聞也不止一次地報道過明星代言的產品存在質量問題，有的明星並沒有親身使用產品，僅僅是因為代言費就代言該產品。

因此，消費者要注意這種情況，不能只看明星代言就覺得產品沒有質量問題。現在的年輕人往往容易犯這個毛病，這也是明星示範效應對年輕人的消費觀所帶來的負面影響。

所以我們說，示範效應是一把雙刃劍，對商家來說是好事，但示範效應下的盲目跟風消費卻會讓我們陷入衝動消費的旋渦。

第 **5** 章

全面提升經營力的
經濟學

品牌營銷
我就不必了吧

松下夫人懷疑丈夫撒謊，卻又苦於找不到證據。

一天，她走進商場，聽到店員吆喝：「真誠牌測謊儀，最新款智能版測謊儀。買了它，就相當於買了一面照妖鏡。有了它，就能讓人與人真誠相待。」

松下夫人疾步走上前，向店員問道：「這個測謊儀真的能讓人真誠相待嗎？」

店員自信滿滿地回答：「當然！夫人，不信的話，您可以自己先試一試。」

「我……我就不必了吧，」松下夫人臉色一變，「我只是想測一下我丈夫的心。」

趣味點評

店員在推廣測謊儀時，運用的營銷策略是「能測出對方心裏是否有鬼」。松下夫人一下子被這一產品功能所打動，想要通過測謊儀來驗證丈夫對自己的忠誠度。店員的營銷獲得了消費者的認可，顯然是一次非常成功的「品牌營銷」。

經濟學解讀

　　「品牌營銷」，是指通過營銷方式和手段，讓消費者對企業品牌留下印象，對消費者產生影響力，進而獲得消費者的認可。

　　一個品牌的成功，和營銷有直接關係，成功的品牌營銷能夠讓一個默默無聞的品牌在短時間內家喻戶曉，一舉成為知名品牌。品牌營銷的作用巨大，堪稱打造品牌影響力、改變企業命運的「魔力之手」。這是其他營銷手段難以企及的，更是品牌營銷化腐朽為神奇之處。

　　品牌營銷看似簡單，其實內含大智慧。面對眾多品牌的競爭和同類產品的圍追堵截，後來者想要上位難度非常大，必須要在品牌營銷方面不走尋常路，方能在市場上有所建樹。

　　成功的企業必定在品牌營銷方面有異於其他企業的亮點。品牌營銷形式多樣，千變萬化，但是萬變不離其宗，那就是品牌的獨特性。品牌營銷就是將該品牌與其他品牌區別開來，展現品牌的與眾不同之處，這種不同在同質化市場中顯得尤為重要。

　　通過品牌營銷，樹立特立獨行的品牌形象，吸引消費者關注，這就算邁出了成功的關鍵一步。

　　需要注意的是，品牌營銷有一個前提，那就是產品質量要有保證。如果沒有好的質量，即使品牌營銷在短時間內發揮了作用，但消費者沒有獲得良好的消費體驗的話，也會逐步放棄該品牌產品。鑑於此，企業要在保證產品質量的基礎上重視品牌營銷，這才是正確的品牌營銷之道。

包裝經濟
你的確有眼無珠

　　一對夫婦路上兩人因瑣事吵了起來，妻子非常憤怒。事後丈夫很後悔，決定買個禮物哄哄妻子。

　　丈夫看到一個珠寶商在賣珠寶。有一顆寶珠雖看起來毫無光澤，但卻價值連城。為了能配得上這顆名貴的寶珠，珠寶商特意用名貴木頭雕刻了一個精美的匣子，匣子外面點綴着翡翠和美玉，看上去非常璀璨耀眼。

　　丈夫是一個識貨的人，他心想：「這麼名貴的寶珠一定能討我老婆歡心。」於是丈夫花高價連珠寶帶匣子一起買了下來。

　　丈夫滿心歡喜地把匣子遞到妻子面前。妻子接過來，只是隨口「哼」了一聲，就把毫無光澤的寶珠揚手扔掉，然後把匣子小心放好。

　　丈夫氣急敗壞地説：「為甚麼要扔掉珠子？」

　　妻子得意地回答：「你的確有眼無珠，我可不是！」

趣味點評

　　為了讓看似廉價實則昂貴的寶珠顯露其價值，珠寶商做了一個看起來很名貴的匣子。為了哄妻子開心，識貨的丈夫將寶珠連同匣子一起買下來送給妻子，卻被不識貨的妻子誤以為匣子值錢，於是她扔掉寶珠，還嘲諷丈夫有眼無珠。

匣子富麗堂皇的外表包裝蒙蔽了妻子的雙眼，讓她誤以為匣子有收藏價值，卻當垃圾似的丟掉了真正價值連城的寶珠。這種本末倒置的現象，在經濟學中便是時下最為常見的「包裝經濟」。

經濟學解讀

俗話說得好：人靠衣裝。這個道理放在商品上同樣適用。**包裝是商品生產過程中不可或缺的一個環節，這就像是人的衣服能襯托人的氣質和品位，賞心悅目的包裝能夠讓商品更富有吸引力，更容易讓消費者產生一種心理傾向性。**人們往往認為包裝精美的商品擁有更為高質素的品質，有的消費者甚至會為了包裝而去購買商品，在他們眼中，商品的價值遠遠抵不上包裝所帶來的收藏價值。

幽默故事中的珠寶商為了迎合消費者這一心理，給價值連城但外觀普通的珠寶打造了一個精美的匣子，以此吸引購買者的目光。而在那個不識貨的妻子眼中，寶珠的價值遠遠抵不上匣子的價值，所以才會鬧出有眼無珠的笑話來。

早在 100 多年前，人們就已經意識到了包裝的重要性。那時的企業越來越重視包裝，商品包裝也越來越專業化，並且出現了專門進行商品包裝設計的行業。一份精美的包裝能夠彰顯出商品的特色，提升商品的品質感，給消費者留下深刻的印象。在這方面，可口可樂的做法很值得其他企業學習。

可口可樂的包裝

1898 年，可口可樂想要選擇一款玻璃瓶作為包裝，希望能夠形成一個鮮明的包裝特色，讓消費者一看到玻璃瓶就想到可口可樂，一看到可口可樂就想到玻璃瓶。當時，可口可樂有很多包裝方案可以選擇，最終勝出的方案就是我們現在看到的這款玻璃瓶。時至今日已過去 100 多年，可口可樂玻璃瓶也成了經典中的

經典。

這款玻璃瓶是魯特玻璃公司的一個年輕工人設計的,他叫亞歷山大·山姆森。他的設計靈感從約會中來,頗具浪漫色彩。當時他和女友去約會,女友的一款連衣裙讓他覺得美若天仙,於是他突然來了靈感,就設計出了這樣一款玻璃瓶。這款玻璃瓶採用扭紋型作為瓶體下部,看起來就像是一位美女的裙擺,而玻璃瓶的中部比較圓潤,上部則為流線型,整個瓶身看起來就像是一位婀娜多姿的少女。

可口可樂公司當時的決策者坎德勒看中了這款玻璃瓶的設計方案,大為推崇,認為這簡直就是為可口可樂量身定制的,他沒有絲毫猶豫,當即拍板使用這款玻璃瓶作為可口可樂的最終包裝方案,並花費重金買下了這款瓶子的設計專利。

當時很多人並不看好坎德勒的這個決策,然而,事實證明這是多麼明智的決定!可口可樂自從使用了這款玻璃瓶作為其包裝後,便引起很多人的關注和喜歡。不得不承認,可口可樂之所以能夠成為全球消費者所青睞的飲品,其獨樹一幟的玻璃瓶包裝設計絕對功不可沒。

在包裝設計中,設計師非常重視對消費者心理的揣摩。在設計師看來,消費者的眼睛決定了他們的選擇,商品包裝作為吸引消費者眼球的撒手鐧,為產品創造了博取消費者關注的機會。**包裝是對產品的一種外在解讀,好的包裝設計確實會為產品加分,能讓產品脫胎換骨,給消費者帶來耳目一新的感覺,迅速博得消費者的好感,從而帶來巨大的經濟效益。**

不過,如果過度包裝的話,可能會適得其反,不但不能為公司增加經濟效益,反而會給產品銷售帶來不良影響。好包裝不能和過度包裝畫等號,設計的高含金量並不是包裝成本的無限累積,否則就是捨本逐末。

有的商家為了博人眼球,將精力都放在了包裝設計上,甚至過猶不及。商家的出發點是好的,然而,在包裝設計上的過分用

心，只會推高商品價格，降低商品的性價比，招致消費者的不滿，結果反而是搬起石頭砸了自己的腳。

天價粽子的包裝

「天價粽子」主打「有機」賣點的粽子，最裏面一層是真空包裝，再外面一層是普通包裝，最外面則配以精緻的長方形紙盒包裝。看起來這款粽子的外包裝非常名貴，極盡奢華之感，然而拆開包裝之後卻發現其實粽子的個頭非常小，而且只有 6 隻，可價格卻接近 300 元！

與其説這款粽子主打的是「有機」題材，不如説這款粽子賣的純粹是包裝。雖然它成為了部分消費者送禮的選擇，但畢竟徒有外表、華而不實，也就根本不可能會受到更多消費者的歡迎，最終只能淪為一種過度包裝潮流下的浪費。

包裝經濟在時下的流行，必然有它流行的理由，這也是商品經濟發展的一大必然趨勢。商家重視包裝，讓商品更顯檔次，更有吸引力，從而更好地吸引消費者的關注，這本是無可厚非的。然而，如果一味過度包裝，而不重視商品本身的品質，那麼即使吸引到一部分消費者，遲早也會被消費者所放棄。

由此可見，如果只重視包裝而捨棄品質，必然會被市場淘汰。想要獲得消費者的認可，還是應以品質為上，包裝只能作為加分項，而不能作為商品核心項。通過包裝設計，賦予商品更多的吸引力，憑藉商品的品質贏得消費者認可，這才是企業發展的長久之道。

誘餌效應
我只想要帽子

　　一位年輕女子要去參加宴會，她需要一頂帽子。女子去商場後很快就看上了一頂帽子，試戴後很滿意，但300元的價格讓她有些遲疑。她在商場轉了一圈，卻沒有找到比那頂帽子更滿意的，於是她折回到那家店裏。

　　這時，女子發現店員已將貨架重新佈置了一番。那頂帽子被戴在模特架頭上，模特架身上套着一件毛衣，上面還插着三個標籤：一個是「帽子300元」，另一個是「毛衣500元」，第三個標籤是「毛衣＋帽子一共500元」。女子毫不猶豫地選擇了第三種購買法。

　　女子炫耀着把此事說給朋友聽。只聽朋友吃驚道：「也就是說，你的帽子一文不值。你確定要戴一頂一文不值的帽子去參加宴會嗎？」

　　女子懊惱不已：「誰知道呢！我只想要這頂帽子。」

趣味點評

　　女子本來只需要一頂帽子，但覺得300元的價格有些貴。當她突然有了三個選擇時，原商品價格的貴賤已不在她的衡量範圍之內，她的衡量標準變為了哪一種選擇更實惠。

顯然，她並不喜歡毛衣，而只是想要那頂帽子。但她覺得「500 元買兩件商品」這個選項很划算，因為這等於是買一件毛衣白送一頂帽子，所以她將第三個選項作為了自己的最終選擇。當然，最後因為「白送的帽子」這個錯覺，還是讓她十分懊惱。女子這種購物消費理念正是中了店家「誘餌效應」這個陷阱。

經濟學解讀

幽默故事中那位女子的消費特徵，和我們去商場購物時的樣子非常像。作為一名消費者，我們總是喜歡通過對比，最後選擇自己認為最具性價比的商品。而商家抓住消費者的這一心理，在商品中添加一些「誘餌」，讓消費者有更多的選擇，只不過，這多出來的新選擇其實並不是商家最希望熱銷的商品，它只是作為影響消費者做出選擇的一個因素罷了。這就像是釣魚，先拋撒魚餌，引誘魚兒上鉤，才能釣到更多的魚。這種商家慣用的手法，我們在消費中經常見到，它被形象地稱為「誘餌效應」。

用心觀察就會發現，很多時候「誘餌」只是一個噱頭，它並不一定真實存在，這種情況在很多促銷活動中比較常見。比如，有的酒店總是大力宣傳他們的高價房已經預訂出去，而且要想預訂還得等候多少天。他們只是給消費者提供更多的選擇，這就是一個「誘餌」。其實，酒店只是希望通過採用這個方法來刺激消費者，以增加訂房生意。

在面對眾多選擇時，消費者往往會通過對比做出心理評估，判斷何種選擇對自己最優惠。這時，商家的宣傳就起到了推波助瀾的作用。他們故意設置的這些「誘餌」選項都是精心設計好的，目的就是讓消費者一眼就能夠看出選擇「誘餌」不划算；此時，在這種心理暗示的作用下，消費者就會在無意識中受到影響，做出商家希望消費者做出的消費選擇。

《經濟學人》的誘餌效應

　　著名的《經濟學人》（The Economist）雜誌的訂購營銷，就很聰明地運用了誘餌效應，讓消費者做出了他們希望消費者做出的選擇，大大增加了雜誌訂購量。在每年的 12 月份，雜誌網站上都會提供雜誌訂購服務，並且會給消費者提供多種選擇。比如，2016 年年底時，雜誌網站上給消費者提供了兩種選擇：一是訂購全年網絡版雜誌 60 美元，二是訂購全年紙質版雜誌 150 美元。但到了 2017 年年底，雜誌網站發現，全年的雜誌訂購量相比於上一年不但沒有增長，反而還有所降低。

　　為改變這種狀況，2017 年年底，雜誌網站給消費者提供了三種選擇：一是訂購全年網絡版雜誌 60 美元，二是訂購全年紙質版雜誌 150 美元，三是訂購全年網絡版雜誌＋紙質版雜誌 150 美元。等到 2018 年年底時，雜誌網站發現，全年的雜誌訂購量相比於上一年有了大幅度的增長。雜誌希望消費者網絡版和紙質版的訂購都有增長，前二種選擇就是誘餌，目的在於通過將前兩種選擇和第三種選擇進行對比，引導消費者將目光集中到第三種選擇上，而忽視前兩種選擇。

　　《經濟學人》雜誌的營銷策劃者吸取了往年雜誌營銷失敗的教訓，巧妙地利用誘餌效應，為消費者設計「誘餌」選擇，抓住消費者的消費心理，通過「誘餌」讓消費者的關注點放在雜誌希望消費者關注的點上，從而獲得了雜誌訂購數量的大幅增長。這就是誘餌效應帶來的好處。

　　生活中，我們經常會遇到誘餌效應的應用。就拿超市來說，商家就常利用誘餌效應來增加商品銷量，獲得更大利潤。比如，我們逛超市時，會看到很多促銷商品上標着類似這樣的價錢牌——「牙膏 10 元」、「牙刷 5 元」，而在它們的旁邊則標着「牙膏＋牙刷 10 元」的價錢牌。

　　我們看到這兩種選擇時，第一反應肯定是覺得後者更便宜，於是就會在心理上傾向於購買後者。而其實，「牙膏 10 元」、「牙刷 5 元」只是商家佈下的一個「誘餌」，目的就是為了讓消費者選

擇後者。

如今，大家手裏有錢後都喜歡旅遊，尤其是出境遊成了很多人的選擇。旅行社為此紛紛推出國外遊產品，以供遊客選擇。比如，旅行社推出「歐洲遊」，可供遊客選擇的有「意大利五日遊2.5萬元」、「法國五日遊2.5萬元」。這個時候，消費者很難一下子做出選擇，尤其是在對意大利和法國沒有特別偏好的情況下，就更加不知如何選擇。

此時，如果旅行社更傾向於讓消費者選擇法國，則可以有針對性地給消費者提供更多的選擇，比如說在上面那兩種選擇之後，再加一種新的選擇「法國五日遊＋三餐免費」。有了這種對比，消費者第一感覺肯定是覺得這個新選項更為划算，這就是誘餌效應所發揮的效用。

可見，作為吸引消費者的一種營銷手段，誘餌效應的確能夠為商家帶來實際好處，並且操作起來也非常簡單；正因如此，商家非常喜歡利用誘餌效應來擴大銷量。

我們現在明白了，**由於消費者在購物時希望獲得更多實惠，商家於是就抓住消費者這種趨利心理，加入「誘餌」，給消費者提供更多選擇，通過給予消費者傾向性的心理暗示，讓消費者自行通過對比，去選擇商家希望消費者所選擇的商品。**由此商家既達到了賣貨的目的，還讓消費者認為自己撿到了便宜。

要想應對誘餌效應，不被商家牽着鼻子走，也是有法可循的。首先，要明確自己想要買的是甚麼，不要因為看到商家提供的多種選擇，一下子就被誘惑住，反而忘了自己最需要的是甚麼。其次，就是要避免盲目衝動消費，在決定購買之前先理性思考一番，再做出決定。

廣告營銷
已經接過女孩的幸福

某女孩在網上有個帖文：「今天收到 520 朵玫瑰花。家裏沒有地方放，於是想要分享給大家。分享的不是花，而是幸福。有意者可以一朵花 10 元的價格購買。」

雖然標價比花店要貴，但阿晴遠在異地的男友還是搶購了 10 朵，並拜託那個女孩寄給阿晴。由於快件在路上耽誤了幾天，等阿晴收到時玫瑰花已經枯萎了。

阿晴把枯萎的玫瑰花拍給男朋友看。男友為此惝惝不安：「阿晴，對不起！我沒有想到是這個結果⋯⋯」阿晴不僅沒生氣，反倒笑出聲來：「親愛的，結果沒有變啊，我已經接過那個女孩的幸福啦！」

趣味點評

女孩在網上賣的玫瑰花明明比花店要貴，但她那句「分享的不是花，而是幸福」，一下子戳中消費者希望收穫幸福的軟肋，成功打開銷路。即使枯萎的花朵未能體現出它作為鮮花的價值，但阿晴依然甘之若飴，周身洋溢着幸福感。

賣花女孩以「傳遞幸福」為主題，通過這種「以情動人」的廣告營銷模式，為消費者營造出一種幸福的感覺，由此將購買的核心由玫瑰花轉變為了「接力女孩分享的幸福」。這就是「廣告營銷」的強大魅力。

我們的生活和廣告有着密切的關係，甚至可以說生活中無處不廣告：走在大街上，到處可見廣告牌、手機上網時不時彈出廣告……我們生活在一個廣告的世界。「廣告營銷」，是指商家用廣告進行產品宣傳，通過廣告讓我們記住產品，對產品有一個基本印象。有了這種基本印象，我們在消費時看到產品後很有可能就會選擇廣告中的產品，這就是廣告的作用。

只要有產品，就會有廣告。廣告營銷可以為消費者打開一扇門，讓產品呈現在消費者面前，引起消費者的關注，為產品打開銷路。好的廣告營銷讓好的產品家喻戶曉，商家從中獲利，消費者從中受益，是一個雙贏的結果。

然而，有的廣告營銷卻名不副實，純屬虛假營銷，利用廣告誇大產品功效，甚至加入一些產品根本沒有的特性，誘導消費者購買。消費者一旦輕信這類廣告，購買後就會上當受騙。作為消費者，應該擦亮雙眼，不要被廣告左右，要自己去體驗、去甄選、去鑑別，做一個聰明而又理性的消費者，避免陷入虛假廣告營銷騙局。

想要做一個聰明又理性的消費者，就要對廣告營銷有一個簡要的了解，這樣就能避免因廣告而衝動購買後給自己造成經濟損失。如果你是一個商家，那就更有必要對廣告營銷的相關知識進行學習，從而更好地應用廣告營銷為產品銷售造勢。

傳統時代的廣告營銷，其渠道和形式都比較單一，諸如電視廣告、媒體廣告、戶外廣告等，且以硬廣為主。那時的廣告能直抵核心消費群，只要肯花大價錢進行廣告宣傳，就能收穫一大批消費者。

步入互聯網時代後，各種廣告營銷渠道紛紛登場，廣告營銷渠道更加多樣化、傳播更為便捷、受眾也更具廣泛性。在每條廣

告機會均等的情況下，想要讓自家的廣告營銷出彩，就需要有足夠的創意。創意廣告能夠給消費者留下深刻的印象，輕鬆達到廣告的營銷目的。

廣告營銷的創意可以來自廣告本身，也可以在廣告投放平台上多下功夫。比如直播平台就是非常好的一個選擇，也是越來越多商家的首選。現在利用直播平台做電商已成為一種趨勢，快手作為其中的佼佼者，其商品廣告營銷很有特色，它以網紅帶動電商，以廣告拉動消費，這種模式業已發展成為快手廣告營銷的一大亮點。

如果把商品比作商家的女兒，那廣告營銷就是商家為女兒尋找理想女婿的宣傳。好比是媒人，廣告就是介紹女兒如何如何好，吸引那些未婚優秀男青年的目光。然而媒人再好，前提還得是女兒好才行，也就是説，只有產品品質好，廣告營銷才能真正發揮出其宣傳的作用。

廣告的本質在於吸引消費者的注意力，進而帶動產品銷售。因此可以説，廣告是一條紐帶，將消費者和產品密切聯繫在一起。人們通過廣告來認識和了解產品，廣告營銷的好壞與否，決定着消費者對產品的認可及黏度，對產品銷量起着舉足輕重的作用。

像是「人頭馬一開，好運自然來」、「鑽石恆久遠，一顆永流傳」，這類經典的廣告語，早已深入人心。倘若商家能做出如此優秀的廣告營銷，自然就能讓產品萬眾矚目，家喻戶曉。

心理定價
不是開玩笑

　　阿麗看中了剛上市的某品牌唇膏，但 260 元的價格讓她望而卻步。男友要給她買，被她拒絕了。她說：「這也太貴了！簡直是在搶錢！」

　　一個星期後，她卻拿着那款唇膏出現在男友面前。

　　男友：「你不是嫌它太貴了嗎，怎麼又買了呢？」

　　阿麗：「開甚麼玩笑？我這可是花了 2,600 元買下來的。」

　　男友：「2,600 元？你是在和我開玩笑吧！」

　　阿麗：「當然不是玩笑！這可女明星在用的唇膏呢！」

趣味點評

　　阿麗看上的唇膏市場價為 260 元，儘管她很喜歡，但還是覺得太貴。後來，商家找到著名影星做代言，於是，這款唇膏在阿麗心中的價值立即扶搖直上，雖說售價高出十倍，但她還是很痛快地買了下來。

　　這則幽默故事嘲諷的是當代追星族在明星效應下瘋狂消費的現象，與此同時，也向人們生動地詮釋了甚麼叫「心理定價」。

「心理定價」，是指商家對商品的定價不是固定不變的，往往會根據消費者的心理確定商品的不同價格。就像幽默故事中的化妝品公司，將同一款唇膏的價格從 260 元飆升到 2,600 元，就是因為他們抓住了像阿麗這類消費者「為了追星而捨得花錢」的消費心理。在這群鐵杆粉絲眼中，只要是自己喜歡的明星所代言的產品，再貴也值得購買。

當然，並不是所有的消費者都像這些追星族一樣衝動消費，大部分消費者對產品的心理定價基於各種原因；而不同的消費者，其消費心理也會存在很大差別，根據這一點，商家的定價策略自然也就有所差別。

消費者對價格有一定的心理感知，商家的產品定價需要考慮成本和利潤，更需要考慮消費者對於價格的敏感度和認知情況。在定價過程中，綜合考慮這些因素，才可能得到消費者的認可，進而有好的銷售表現。

所以說，心理定價並不是一項簡單的操作，要考慮到的因素有很多，需要精準把控消費者心理，一旦心理定價把握不好，不但取得不了預期的效果，反而可能影響到商品銷售，陷入得不償失的境地。

針對消費者的心理定價，商家總結出很多種定價方式。目前有幾種比較流行的定價方式是商家通常會考慮的。

1 尾數定價

生活中最為常見的是尾數定價。比如，一款蘇泊爾電飯煲定價為 300 元，剛開始時銷量不是特別理想，後來商家調整了定價，變為 299 元，之後銷量反而有了很大改觀。

別看只相差 1 元，給消費者的感覺卻截然不同。在消費者看來，299 元屬 300 元以下的價格區間，而 300 元則屬 300 元以上的價格區間，由此就會讓消費者心理上對 299 這個數字產生好感，而對 300 這個數字則帶有一定的排斥。顯然，調整後的定價更符合消費者的這一消費心理。

一般來說，對於單個商品價格較高的情況適合尾數定價，不僅能提高銷量，對商家的利潤也幾乎沒有影響。但如果是日用消費品，尤其是快消品，就比較適合整數定價，因為整數定價的日用消費品價格更易被消費者接受，這也是長期以來人們形成的一種習慣性的認知。

現在，手機支付成為主流，人們普遍習慣手機支付，因此有無尾數都不是問題。然而，在以前沒有手機支付的時候，快消品價格往往都是整數，這樣更方便人們購買。比如，一瓶純淨水往往都是 1 元、2 元，這樣就不用浪費太多時間在找零上。雖然手機支付的確很便捷，但是快消品的整數定價卻一直沿用至今，早已成為一種消費習慣。如果消費者看到一瓶純淨水售價為 1.88 元，反而會覺得奇怪，心理上有一種彆扭的感覺，這就是消費習慣帶來的心理影響。

2 威望定價

針對奢侈品以及大件高價值商品，商家往往採取威望定價。這在汽車定價上表現得較為明顯。在普通人的心目中，高價汽車必然是名牌汽車，名牌汽車必然品質更好。商家通過高定價來彰顯產品的高價值，體現產品的高質量，這是名牌產品的普遍定價策略。好比人們想到汽車，就會想到奔馳、寶馬等，這就是名牌帶來的高回報，而這也正是威望定價的價值所在。

威望定價滿足了商家的高利潤要求，也給了消費者更多的心理滿足感。消費者願意付出更高的價格購買商品，他們看重的不僅僅是商品本身的價值，更是商品背後的效應，是對自身價值的一種滿足和彰顯。也就是說，開豪車不僅僅是一種汽車品質上的

體驗，更是一種身份和地位的象徵，無形中傳達出商品本身之外的一些東西，這些是消費者願意支付更高價格購買的重要原因。

③ 招徠定價

一些大型超市或零售商，他們的定價策略又有所不同。他們的商品種類繁多，為了更好地銷售商品，他們會選擇招徠定價的模式，在眾多商品中選擇幾種商品，定出一個很低的價格，有時利潤很低，甚至是賠錢。

商家這種做法是一種極其聰明的做法，非常適合對大型超市或者零售商的商品進行定價。這樣做法為的是吸引消費者購買，因為消費者在購買這些便宜商品之餘，還會購買其他商品，商家在其他商品上會獲得更高的利潤，足以彌補在這些便宜商品上的損失。

一般來說，超市中經常進行的雞蛋、肉類、食用油等折扣優惠促銷活動，所採用的就是這種定價模式。從商家總體銷售情況來看，這樣反而能夠獲得更多的銷售額，賺得更多的利潤。

④ 對比定價

有的商家針對同樣的商品會給出不同的定價，給消費者一種對比和選擇。比如，專櫃中有一款名牌手袋，兩種顏色不同，但是價格相同，銷量一直不太理想。後來，商家調整了價格，將一種顏色的手袋價格調高了 500 元，結果反而賣得更快。

這就是對比定價帶來的好處。消費者有了選擇，認為款式相同、顏色不同但是價格更高的手袋更好。對比價格給了消費者不一樣的心理暗示 —— 款式相同但是顏色不同的手袋比較起來，價格更高的更好，最起碼應該是賣得更好，否則商家不可能定價高500 元。

⑤ 梯子定價

在現在的電商平台中，商家也經常會採用梯子定價策略。我

們在淘寶上看到的分階段限時折扣優惠產品就是這種定價模式。

比如，一款紅酒現價為 180 元，七天之後恢復原價 250 元。這樣的定價，通過刺激消費者，讓消費者產生一種「這幾天不馬上購買就會漲價，自己就會吃虧」的感覺，這樣一來，原本不打算馬上購買的消費者可能會馬上下單，商家的銷售量自然就會增加。

商家利用消費者「佔便宜」的心理進行定價，讓消費者不自覺地陷入商家的定價策略中。商家借助這樣的定價方式，刺激消費者的購買慾望，以此達到銷售目的。

對商家來說，僅僅商品質量好是不夠的，還需要有一個合適的價格，才可能讓消費者認可，也就是說要抓住消費者的心理定價。**商家對產品定價本身就是商家和消費者之間的一種博弈，最合適的價格自然是消費者滿意、商家利潤達到預期，雙贏是最好的平衡點，而雙贏的前提，就是商家的定價一定要和消費者的心理定價相一致。**

在商家看來，價格過高會影響到銷量，反而總利潤不高，價格過低的話，雖然銷量增加，但是總利潤卻達不到預期。而商家通過研究消費者心理，採取不同的定價策略，制定合理價格，這種心理定價，既能夠讓消費者滿意，又可以讓商家的總利潤更高，可謂一舉兩得，雙方受益。

對消費者來說，沒有任何一種商品是不可取代的。因此，商家定價必須以消費者的需求為核心，只有消費者認可了商品價格，商家才能夠生存，才能夠發展。

狄德羅效應
很多東西我不需要

傑克一家住在鄉下，他有一個孩子叫約翰。因為喜歡清靜的大自然，傑克很少帶孩子進城。約翰長到18歲後，決定去城裏逛逛。他看到大街琳琅滿目的商品驚呆了，情不自禁地加入購物大軍中。

約翰先是買了一套衣服，又覺得該戴一頂帽子，於是又買了一頂帽子，之後又覺得衣服應該跟新鞋配搭，於是接着買了雙新鞋。

從城裏回來後，孩子拿出自己購買的商品給父親看，他對父親說：「爸爸，您真的應該去城裏看一看，那麼多新奇的玩意，好看的、好玩的，讓人眼花繚亂。您去的話，保證滿載而歸！」

傑克拗不過他，便去城裏轉了一圈。最後他空着手回到家裏。

孩子吃驚地問：「爸爸，您難道沒有看上甚麼東西嗎？」

傑克一臉平靜地回答：「這一趟我的確明白了一個道理：這世上有很多東西都是我不需要的。」

趣味點評

兒子約翰進城後，買了身衣服，又為了配搭衣服而買了帽子和鞋子。在他心裏，那身衣服彷彿給他打開了一扇慾望之門，他需要更多的東西來與之配搭。

而他的父親傑克則正好相反，他清楚地認識到人類的慾望仿若填不滿的無底洞，所以對很多東西都沒有索取的慾望，他的生活也才會一直保持簡單安寧，心始終都比較平和淡然。約翰這種「愈是得到卻愈不滿足」的心態，則是陷入「狄德羅效應」中的一種表現。

經濟學解讀

法國哲學家狄德羅生活窮困，到了 52 歲嫁女兒的時候甚至沒有能力給女兒準備嫁妝。後來俄國大帝買下了他的圖書館，他有錢了，買了件名牌睡袍後，突然覺得家裏的家具、床等必須要更換才能和睡袍相配。從此，他在物質的慾望中無法自拔。

其實，這就是「愈得愈不足」的心理在作祟。後來人們把這種現象稱為「**狄德羅效應**」——**我們未擁有一樣東西的時候，心理上沒有甚麼感覺，當得到了之後反而更不滿足了，想得到更多。**

蘋果粉絲生動地詮釋了狄德羅效應的群體現象：iPhone 手機深受年輕人喜愛，每年都會推出新款。果粉總是想方設法在第一時間拿到新款，使得 iPhone 手機新款出來之後的一段時間之內價格被炒得很高。

人們有了 iPhone 手機後，可能總覺得缺了點甚麼，總有一些不完美，於是覺得自己應該給手機配一個好的鋼化膜，這樣可以更好地保護手機。有了鋼化膜，還是覺得不完美，再想想，覺得應該加一個名牌手機殼，這樣看起來更符合自己的品位，也更能體現自己的風格和喜好。於是乎，本來只打算買 iPhone 手機，後來卻愈買愈多。這就是典型的狄德羅效應。

再有，蘋果公司在 iPhone 手機之後上市的蘋果智能手錶、iPad 等也是利用狄德羅效應，緊緊抓住消費者這種「愈得愈不足」的心理，讓一系列新產品成為果粉的新寵，不但 iPhone 手機銷量

居高不下，新產品市場也跟着走俏。近年來，在年輕人中還出現了蘋果「手機、iPad、智能手錶」三件套，他們都非常喜歡這些蘋果產品，蘋果公司於是嘗試着將這些產品一起銷售，效果非常不錯。

狄德羅說過：「讓我給你一個教訓：貧窮有其自由，富貴有其障礙」，其實指的就是一種心理上的慾望被無限放大之後帶來的心理失落感。狄德羅在窮困的時候沒有太多的慾望，而有了錢的他，在穿上名牌睡袍後，卻覺得缺少了些甚麼，於是乎便開始了對慾望的無盡追逐，伴隨一個又一個慾望的不斷產生，是一次又一次失落情緒的爆發。這種狄德羅效應衍生的亂象背後，其實是人類無止境的慾望在作怪。

生活中，這樣的例子比比皆是。一個愛美的女士看上一件漂亮的裙子，於是把它買回了家。但她突然覺得要是有與裙子配搭的金項鏈就好了，於是又去買了條金項鏈。然而，這並沒有結束，她又想如果有和裙子與項鏈配搭的高跟鞋就更好了，於是又把高跟鞋買回了家。

之後，她又想為服飾配搭一款手袋……最終，她因為一條裙子而花了很多的錢，買了很多原來不打算買的東西，或者說根本不需要的東西。但是她並沒有因為這些東西而獲得更多的快樂，反而因為花錢太多而倍加苦惱。

我們可以設想一下，如果沒有這條裙子，這位女士就沒有後面的這一系列消費，也就不會對生活產生負面影響。有了這條裙子，反而有了更多的慾望，一旦消費慾望被激發出來就很難滿足，最終便一發而不可收。

商家意識到這種現象，對消費者的心理慾望有了一定了解。不僅單個品牌的商品會推出更多的款式讓消費者選擇，即使是不同的商品也會選擇盡量聚集在一起，利用消費者這種心理來增加商品銷量，達到「聚集效應」的銷售效果。

幽默故事中傑克兒子那樣的經歷，我們每個人都經歷過：因為買了一件東西，反而會因此而購買很多與之配套的新東西，這些東西都是原本不打算買的。事實上很多東西我們都不一定會用上，買完之後只會後悔，暗恨自己成了「剁手黨」，並且發誓以後不再衝動消費。然而，我們大部分人不是傑克，看到自己喜歡的東西，可能忍不住不去購買，作為普通人，我們很容易陷入一種死循環中。

既然狄德羅效應的影響是真實存在的，而消費者也不是傑克，做不到清心寡慾，這就需要我們採用一些方法來盡量避免受到狄德羅效應的影響。

1 眼不見為淨

不管是逛街，還是網購，人們看到喜歡的東西總是忍不住想買，此時要趕緊提醒自己理性消費。當然，控制自己的慾念是一件極其艱難的事情，最簡單的方法就是不去看，即眼不見為淨。看不到自然談不上喜歡，也就談不上購買，自然也就不會陷入這種循環中。特別是對於那些自制力較差，看到喜歡的東西就想買的人來說，這個方法非常奏效。

2 配搭式購買

我們在看到自己喜歡的東西時，購買之前先想想自己有沒有與之配搭的東西。如果自己現有的東西能夠與之很好地配搭，而不用再去購買很多的配搭產品，則可以購買，反之，則盡量不要購買。

3 做好規劃

要想有好的生活，必須做好規劃。通過規劃，讓自己明白自己最需要的東西是甚麼，哪些東西不是必需的。經過這樣的規劃，就能夠在出現購買慾望的時候對自己有所提醒，有所限制，讓消費更加理性，而不是衝動消費之後追悔莫及。

對於非換不可的東西，我們可以採用「買一送一」的方式來處理舊東西。這是一種保持處理舊東西的習慣。比如，你買了新手機，舊手機可以送給別人，抑或是便宜處理掉。這樣能夠讓舊東西發揮出新價值，而不至於丟在一旁成為垃圾。

　　生活中，我們喜歡的東西永遠都不可能全部買來，我們要明白哪些是需要買的，哪些是可買可不買的，哪些是根本不需要買的，據此再做出消費決定。這樣就可免受狄德羅效應的影響，讓消費更合理，更符合自身的經濟狀況。

飢餓營銷
你對他做了甚麼

　　約翰和羅斯被老闆送到培訓機構學習飢餓營銷,學成後老闆給了他們三天假期,讓他們在家休息一下。第三天,羅斯接到約翰打來的電話。

　　約翰:「羅斯,我現在在警察局……」

　　羅斯:「你做錯了甚麼?」

　　約翰:「我兒子打電話報警,警察過來把我逮起來了。」

　　羅斯:「你兒子?那麼可愛的小傢伙,你對他做了甚麼?」

　　約翰:「他不好好吃飯。我突然想到我們學的飢餓營銷策略應該能管用,結果就把他關進了小黑屋,三天沒給他東西吃。」

趣味點評

　　約翰的兒子不好好吃飯,約翰便想到先讓孩子狠狠餓幾頓,以刺激他對食物的慾望。等他的飢餓感達到一定程度後,自然就會好好吃東西了。約翰的做法太偏激,孩子只得報警求助。儘管這只是一個幽默故事,但約翰使用的方法與「飢餓營銷」中的策略卻有着異曲同工之妙。

「飢餓營銷」，是指企業通常以減少產品的供應量，營造出一種產品供不應求的假象，進而傳達給消費者「不買就沒有了」的訊息，以刺激消費者的消費慾望。

當消費慾望被刺激到一定程度，企業放出一批產品後，自然很快會被搶購。**飢餓營銷就是「物以稀為貴」理念的一種很好的實踐 ── 大路貨肯定不值錢，人人都有的東西往往不值得去珍惜，只有稀少的，才能吸引消費者更多的關注。**

1998 年，吳國平選擇在風景優美的西湖邊上開了一家「外婆家家鄉麵館」。當時店面並不是很大，三個街邊門面，也只有很少的桌椅。但是就是這樣的小店面，卻受到了消費者的歡迎，等候用餐的人每天都排起了長隊。

一開始，麵館主打的是「宴會請客」，吳國平看到生意很受歡迎，就開始考慮改變主打理念，改走居家路線，努力打造「家」的理念。於是，他提出「不用回家忙燒飯，外婆幫你做飯菜」的標語，一舉成為杭州最具人氣的餐飲店面。

之後，吳國平開始向全國其他地方拓展，開設了更多店面。隨着店面越來越多，吳國平腦中逐漸形成了一系列穩定的營銷策略。其中，飢餓營銷就做得非常出色。「外婆家」並沒有因為客人多而延長用餐時間，相反地，反而減少用餐時間，中午 11：00 至 14：30、晚上 17：00 至 21：00 為固定用餐時間，節假日會稍微有所變更。

客人多，反而限制用餐時間，很多人對此並不理解。其實，這就是一種飢餓營銷模式，雖然嚴格限制了用餐時間，但是店家收入並沒有減少。大家集中到用餐時間來，翻桌率反而明顯增加，水電成本也降低不少，總利潤也有了很大提高。

「外婆家」通過限制用餐時間，讓原本就需要排隊用餐的客人感覺到這家店的生意很受歡迎，於是，越來越多的人寧願排隊等候也要在店裏用餐。這就是飢餓營銷帶來的效果，「外婆家」巧妙地利用用餐時間達到了飢餓營銷的目的。

星巴克也成功玩了把飢餓營銷，他們在中國市場推出的「貓爪杯」大獲好評。由於是專門針對中國市場設計的，而且只在中國市場有，加之每個門店都限定數量，卻不限定購買，極大程度刺激了消費者的購買熱情，一度掀起搶購熱潮。

「貓爪杯」雖然是一種附加產品，之前還可能只是一種贈品，然而，就是這樣一個小杯子，卻引發星巴克被廣泛關注，很多消費者都是為了得到這個杯子專門到店裏消費。雖然這個杯子本身不賺錢，但是卻俘獲了更多消費者的心，無形中增加了星巴克日常咖啡的銷量。這種飢餓營銷並不是針對產品本身，走出的卻是一條獨特的飢餓營銷路子，雖然看似簡單，最終卻讓商家取得了意想不到的營銷效果。

在眾多營銷手段中，飢餓營銷屬難度較高的營銷，一旦玩不好，整個營銷就可能毀於一旦，不但難以產生預期的營銷效果，反而會讓企業承擔巨大損失。因此，很多企業在營銷中往往不敢輕易觸碰飢餓營銷。

飢餓營銷成功與否的關鍵在於對度的把控，如果不能掌握好度，必然會過猶不及，最終導致營銷失敗。正是由於飢餓營銷在運作時有着極高的風險，一般的企業才不太會選擇這種刀尖上的營銷模式。

第 **6** 章

輕鬆玩轉職場中的
經濟學

奧格威法則
十隻羊全部歸你

　　森林裏，兩隻獅子爭奪森林之王，十隻羊和一隻老虎聚在一起為牠倆投票。

　　獅子甲想：「我愛吃肉，如果拉來老虎，肯定會和我搶食物，但食草族就不會有這個問題。」於是對羊們說：「你們要是投我一票，我不但不會吃你們，還保證這森林裏面的草全部歸你們所有。」羊們聽後紛紛投了牠一票，獅子甲轉眼間便有了十票。

　　老虎見此情景，對獅子乙說：「即使我把票投給你，你也只有一票，算是輸了！」

　　「老弟，別着急。」獅子乙淡定地回答道：「你投我一票，我保證那十隻羊全部歸你。」

趣味點評

　　為了贏得勝利，獅子甲和獅子乙都需要組建團隊。獅子甲擔心團隊成員太強會搶奪自己的利益，於是選擇了實力弱小的羊群；而獅子乙則恰好相反，他明白強強聯手才能獲得更大利益的道理，於是選擇實力強大的老虎作為自己團隊的成員。

　　結果就是：看起來獅子甲的團隊龐大，卻毫無戰鬥力，最終只會被團隊小但實力強的獅子乙吞併。而獅子乙不但會獲得森林

之王的寶座，還將有十隻羊的收穫。從經濟學角度來看，這就是「奧格威法則」中的「人才轉化財富」的真實體現。

經濟學解讀

「奧格威法則」，又名「奧格爾維法則」，講述的是人才對企業的重要性。以經濟學眼光看，對企業來說人才就是錢財。企業有了人才，就有了未來，就有了更多的實力，錢財自然滾滾而來。以經濟學為視角，人才可以轉化為企業的錢財，至於如何轉化，考驗的則是企業人才觀，反映出的是老闆的經濟頭腦和智慧。

如果老闆選擇的都是人才，並且能夠為企業所用，就會讓企業形成強大的競爭力，爆發出強大的戰鬥力，創造出巨大的經濟價值。對老闆來說，必須選擇合適的人做合適的事，為每一個員工找到適合他們自己的崗位，給予員工舞台，讓他們能夠發揮自己的才能。這樣的企業更像是一台高效有序運轉的機器，員工就像機器上的一個個零件，大家各司其職，各負其責，每個人都能在這個過程中找到自己的價值。人才價值只有被充分發揮出來，才能夠給企業帶來最大的經濟回報。

同樣，企業也應給予人才更多經濟上的收入，這也是尊重人才的體現。選擇用甚麼樣的人，如何讓員工創造價值，給予員工怎樣的經濟回報，不僅是老闆的智慧體現，更是老闆眼光和格局的展現，也是決定企業未來命運的關鍵要素。華為及蘋果公司就是最好的兩個例子。

華為的人才管理戰略

任正非對自己有非常理性的認識。他在很多場合都說過，和不斷發展的時代相比，自己越來越不懂技術，越來越看不懂財務，越來越對管理迷惑。但他並不糾結於這些問題，而是將工作核心放在人才組織上，如何組織幾十萬人一起工作，如何讓員工

創造出更大的經濟價值，這些成為他最核心的工作內容。

任正非曾經說過：「我個人既不懂技術，也不懂 IT，甚至看不懂財務報表，唯一的是，在大家共同研究好的文件上簽上我的名⋯⋯」這是他的幽默表達，從中也能夠看出，他首先將自己放在了合適的位置上，知道自己最適合做甚麼事情，如何做好這些事情。與其說任正非是在下一盤經濟棋，不如說他是在下一盤經濟人才棋更為精準。

正是因為如此，華為才能夠不斷發展，最終成為世界上最具影響力的企業之一，而且在 5G 領域有着極強的競爭力。僅 2018 年，華為手機的全球銷售收入已達 7212 億元，同比增長 19.5%，淨利潤達到 593 億元，同比增長 25.1%。這組數據正是任正非用經濟學眼光來看待人才組織的有力證明。

任正非從 1987 年湊齊 23,000 元創立華為伊始，心中就有一筆經濟賬，在那時候，他就明白人才就是錢財，要想留住員工，就要給予員工為公司所做貢獻的等值的經濟回報，員工才能為公司做出更大的經濟貢獻，於是他在華為內部實行了股權激勵政策。

華為現有員工 18 萬人，持股的員工在 9 萬人左右。雖說華為並沒有上市，員工持有的是虛擬股，但只要符合公司規定，員工就能夠得到股權，年底就有分紅。此外，華為還根據員工的表現發放獎金，這樣一來就形成了一個人才與價值轉化的良性循環，從而為華為的不斷發展注入了強大的原動力。由此我們可以看到，華為成功的原因之一，正是任正非將人才觀與經濟學巧妙結合在一起，從而打通了激發人才自身價值，讓人才價值與企業價值同步發展的路子。

蘋果公司內的人才價值

蘋果公司喬布斯認為真正有能力的人必然有自己的性格，這一類員工正是企業的核心價值所在。沒有性格的員工，很難大有作為，也很難給公司帶來更多的價值。

　　蘋果的成功並不是喬布斯一個人的功勞，他只是給一群有性格、有能力的員工創造舞台，讓他們發揮自己的才能，實現自己的價值。同樣地，喬布斯也給了這些員工應有的價值回報，這才有了蘋果的成功。

　　面對別人的疑問，喬布斯表示：「當你擁有一群很優秀的員工，你不用像對待嬰兒一樣哄着他們。給他們定下偉大的目標，他們就能完成偉大的成就。」喬布斯是這麼想的，也是這麼做的。他挖掘了很多優秀的人才，蘋果就是在這些人才的創造下不斷發展，打造出全世界熱捧的產品。

　　喬布斯離世後，庫克秉承了喬布斯的「人才及財富」理念，他深諳人才能給企業帶來的經濟價值，堅持挖掘和使用頂級人才，從「蘋果 2018 年全財年營收 1666.99 億美元」當中，就不難看出優秀的蘋果員工為企業做出了多麼巨大的經濟貢獻！

　　這些成功企業家對於職場經濟學有着深刻的理解，他們明白能夠為企業創造高經濟價值回報的人才，才是企業發展的核心。因此，他們沒有選擇一群弱者來展現自己的掌控力，而是將一群強者組織在一起，共同努力，協同作戰，在商場中搏殺出一片天地。就像幽默故事中，一頭獅子帶領一群羊是不可能有多麼強悍的戰鬥力的，但一頭獅子帶領一隻老虎，這戰鬥力必然會形如摧枯拉朽般強大。

　　奧格威法則告訴我們人才對企業的重要性，讓我們明白了人才背後的經濟價值。作為老闆，要明白如何選人，如何用人，如何與有能力的人一起做事，創造出更大的經濟價值。

新木桶理論
那你輸定了

　　法國小鎮上來了一名男子，由於運動神經受損，導致他無論說話還是寫字都很困難，因此被眾人稱之為「笨人」。

　　這天，「笨人」進到鎮上的餐廳點餐，支支吾吾半天也表達不清，老闆索性不理他，轉身和一名顧客聊起了天。

　　顧客：「嗨，夥計，聽說了嗎？我們鎮上來了一位著名的數學家。」

　　老闆：「誰？」

　　顧客：「亨利・龐加萊！據說他可是一個傳奇人物，說話不利索，寫字很慢，考大學時幾何作圖零分，卻成為了一位數學家。」

　　老闆扭頭看向那個「笨人」，譏笑道：「你聽聽，同樣是說不清楚、寫不明白，人家亨利・龐加萊能當數學家，你卻只能做一個『笨人』。我們打個賭，如果你也能像亨利・龐加萊那樣，我免費請你吃一年的飯。」

　　「笨人」聽了後拿起筆在紙上寫起字來，過了許久才遞給老闆，只見紙上寫着：「那你輸定了。」

趣味點評

　　「笨人」因為口齒不清、書寫障礙，被餐廳老闆歧視。然而存在同樣問題的亨利・龐加萊，卻為老闆崇拜，甚至心甘情願為他

結賬，只因他是位大數學家。老闆後來才知道，他歧視的「笨人」其實就是他崇拜的那位數學家亨利‧龐加萊。

數學上的天賦和才華是亨利‧龐加萊的優勢，而運動神經受損導致口齒不清和書寫困難則是他的弱點。如果亨利‧龐加萊只是去專注提升自己的弱點，那他一輩子都只能是一個不太笨的「笨人」，但他在努力克服弱點的同時，又將自己數學方面的天賦發揮到極致，最終成為了一位數學領域的大人物。

亨利‧龐加萊的生平正是經濟學中「新木桶理論」的典型詮釋：在弱點的基礎上，最大限度提升自己的優勢，並利用這一優勢創造無可估量的價值。

經濟學解讀

「木桶理論」告訴我們：一個木桶能裝多少水，取決於最短的那塊板的長度。這是對該理論最基本的解讀。然而，在職場經濟學中，它卻不是最完整的解讀。在慣常思維中，在木桶正常放置的情況下，弱點的確決定了木桶裝水量。但如果將木桶傾斜，最長的那塊板反而成為決定木桶裝多少水的關鍵。就像幽默故事中的亨利‧龐加萊一樣，他的弱點決定了他只能是一個「笨人」，但他把他人生的中心傾斜到他的強項上，因而成為了一名大數學家。

由此，我們對木桶理論要有全新的認識，放在職場中，就是要在補足弱點的同時，盡可能地提高強項的高度，雙管齊下，才能夠創造出更高的價值。作為職場中人，既要認識到自己的不足，努力彌補自己的不足，更要看到自己的優勢，充分發揮自己的優勢，這樣才能事半功倍，這就是「新木桶理論」的內涵。

新木桶理論背後隱含的經濟學智慧，讓我們意識到全面發展才能夠有更好的經濟回報。**一個有明顯弱點的職場人，不會被企業視為核心價值對待，自然得不到較高的經濟回報。只有一個全面發展的人才，在基本能力的基礎上，最大限度發揮自己的長**

處,才具備競爭優勢,這樣的人在企業中才更有未來。

2018 年,《美國達人秀》上有一個天才少年,他唱歌非常棒,一開口就讓幾位導師立刻為他轉身。他因此成為全年達人秀中最為閃耀的人,並且在 2018 年下半年簽約了唱片公司。

然而,讓人遺憾的是,2019 年他的發展卻與人們的期望相差甚遠。記者去採訪唱片公司的人後,才弄清楚真正的原因。原來,唱片公司在與他簽約後發現雖然他的音色非常好,音準也很棒,可高音不穩,這成為他最大的弱點。

這時,所有人都堅信,如果他能夠立刻想辦法彌補,努力提高高音表現力,解決高音不準的問題,他就會一飛沖天,經濟收入也會達到常人難以企及的高度。這些人之所以這樣想,正是出於對木桶理論的簡單解讀 —— 要花費時間和精力彌補弱點,改正自己的缺點和不足。

其實這個問題應從兩個方面來分析。假如這個天才少年的高音不穩是先天性的,那麼糾正起來會十分困難,很可能無論怎樣努力,最終還是糾正不過來;就算高音不穩是後天原因造成的,糾正的話也很可能會花費大量時間與精力。

但從另一方面看,他只要不唱高音的歌就能唱得很出色,所以他完全可以唱一些沒有高音的歌曲。他當初就是因為唱中低音的歌曲而一舉成名,只要堅持下去,就能吸引更多粉絲,獲得更多的經濟效益。

通過以上對新木桶理論的解讀,我們明白了這樣一個道理:在無法有效提升弱點的前提下,就要將強項優勢最大限度地發揮出來,這樣的人在職場中才能有更好的發展,才能獲取更好的經濟收入。所謂「揚長避短」,也正是這個道理。

木桶理論一直為人所稱道,但若僅基於能力為出發點,而單純片面地處於補足弱點的思維層面,則是遠遠不夠的。我們要從職場經濟學的角度去看待它,既要努力彌補弱點,又要凸顯強項優勢,雙管齊下,全面發展,才能夠擁有更強的競爭力,從而擁有更加美好的未來。

首因效應
你缺的是耳朵

龐統投靠孫權，被孫權拒絕，他又去投靠劉備，劉備與他交談後拜他為軍師。

孫權知道此事後，對劉備說：「妹夫，你看，雖說我這裏緊缺人才，但我都不用他，他太醜了。」

劉備回答：「你缺的不是人才，你缺的是耳朵。」

趣味點評

智慧超群的龐統，本是一代謀士，與諸葛亮齊名，被人並稱為「臥龍鳳雛」，而且「得一可安天下」。這樣的人是有大才的人，是能夠助得天下的人才，卻因相貌醜陋而被孫權看輕。龐統留給孫權的第一印象很糟糕，所以孫權沒有留用他。而劉備對龐統的第一印象是智慧，所以劉備封他為軍師。

面對孫權說龐統相貌太醜，劉備說孫權缺的不是人才，缺的是耳朵，意思是說孫權以貌取人，而沒有仔細聆聽龐統的智慧思想，所以說他缺耳朵。造成孫權流失人才的元兇就是「首因效應」。

經濟學解讀

「首因效應」，指的是某個人對於初次見面的人會產生直覺的第一印象，而這個第一印象會在以後很長時間內都不會輕易改變。在職場中，如果能夠留給上司和同事一個良好的第一印象，接下來的工作自然就會順利很多。如果剛好上司需要提拔新人，往往也會重點關注那些第一印象不錯的人。

就像幽默故事中的龐統，未能給孫權留下良好的第一印象，便無法在他那裏謀取官職，自然也就無法實現自我的經濟價值。然而，他給劉備留下了良好的第一印象，由此獲得了軍師這個重要職位，這就是首因效應背後的經濟學智慧。

職場中，有的人很有才華，但卻沒有找到適合自己的舞台，難以發揮出才能，在職場打拼多年，卻始終沒有建樹，薪水也終不見增長。造成這種結果的重要原因，很可能是由於給上司留下了「傲慢自負，對他人不屑一顧」的第一印象。

要知道，這是職場大忌。職場競爭激烈，尤其是一些重要崗位更是競爭殘酷。在這種情況下，空有才華是遠遠不夠的，還要帶給上司好印象，特別是第一印象至關重要，否則，再有才華也很難得到重用。

馬雲與孫正義的故事

良好的第一印象，能讓你的價值在這次印象中延伸拓展並最終獲得 N 倍的提升。這一點，馬雲和投資家孫正義的故事最有說服力。眾所周知，馬雲的成功與孫正義的投資密不可分，而正是他在與孫正義第一次見面時，留給了對方一個很好的第一印象，才幫助他獲得投資，實現了他的夢想。

當時的馬雲需要融資，他想盡辦法去約談一些重要投資方。然而，因為馬雲的電商模式留給這些投資人的第一印象並不好，

所以他們並不認為馬雲的電商模式能夠成功,於是這些人都沒有給馬雲投資。不過,馬雲沒有放棄,他一邊繼續尋找投資人,一邊調整自己的談話內容,他要力爭給投資人一個良好的第一印象。他知道,只有這樣才能拿到投資,讓公司繼續發展。

後來,馬雲找到了孫正義。在等候了對方兩個小時後,孫正義只給出 6 分鐘讓馬雲講述他的商業模式。馬雲充滿自信,侃侃而談,最終在這短短幾分鐘內獲得了孫正義的認可。孫正義認為馬雲很有想法,而且認為他的商業模式很有創意。其實,孫正義原本計劃要投資比阿里巴巴規模更大、發展更好的另一家公司,卻在這次面談後改變了想法,最終將橄欖枝拋給了馬雲。

正是由於馬雲給孫正義留下的第一印象十分出色,才讓孫正義在短短 6 分鐘內扭轉了想法。有了這良好的第一印象,孫正義和他的軟銀集團才能夠成為馬雲的合作夥伴,後來孫正義多次追加投資,成為阿里巴巴最大的股東。他們的合作產生了巨大的經濟價值 —— 阿里巴巴躍身為幾萬億元市值的電商帝國,而孫正義則獲得了價值千億元的投資回報。

可以這樣說,馬雲的成功,與他帶給人良好的第一印象有着直接關係。正是因為第一印象好,他才能在創業路上得到貴人孫正義的相助。而有了運作資金,馬雲才有了更多的創業底氣和信心,才得以讓阿里巴巴以市值 2,300 億美元在美國納斯達克上市,以市值約 4 萬億港元在港股上市。

如果當初馬雲沒有給孫正義留下一個良好的第一印象,孫正義很可能就會投資其他公司,那麼也許就不會有現在市值萬億元的阿里巴巴商業帝國。顯然,首因效應能夠創造出令人無法想像的經濟價值,這一點也已被無數實例所證實。

在職場中,首因效應始終存在,並且發揮着驚人的影響力。作為職場中人,如何給別人留下良好的第一印象尤為關鍵。**只有給別人留下良好的第一印象,職場起步才能夠非常順利,未來施展才華的舞台才會更廣,才能夠創造出更高的經濟價值。**

那麼，怎樣給人留下一個良好的第一印象呢？

1 言談舉止要得體

作為一個職場人，言談舉止得體是最基本的要求。得體的言談舉止會給人留下深刻的第一印象，一個談吐有素、修養有為的人，更容易獲得別人的認可。

2 與人溝通要真誠

職場中，在與人初次接觸時，還有一點也非常重要，那就是以誠待人。真誠地和別人溝通，讓別人感受到誠意，別人自然也會以真誠回應。

3 面帶微笑很重要

人們很難拒絕一個對自己微笑的人。特別是在職場中初次與人打交道時，一個善意的笑容，會立馬拉近人與人之間的距離，讓對方對你產生一個良好的第一印象。

日常工作中，注重對以上幾點的把握，往往能夠給別人留下良好的第一印象，而只有當你給別人的第一印象足夠好，別人才可能為你提供更多更好的發展機會。職場中第一印象十分重要，甚至可能決定你的前途。

作為一名職場人，要高度重視首因效應，努力給他人營造良好的第一印象，給自己未來發展奠定良好基礎。

最優決策
我怎麼辦？

一天，一位哲學家帶孩子出去散步，路過一個賣油麵的小攤子，生意出奇的好。

哲學家和孩子駐足圍觀，只見賣麵的小販把油麵放進燙麵用的竹撈子裏，一把塞一個，僅在刹那之間就塞了十幾把，然後他把疊成長串的竹撈子放進鍋裏燙。接着他又以迅雷不及掩耳的速度，將十幾個碗一字排開，放佐料、鹽、味精等，隨後他撈麵、加湯，做好十幾碗麵前後竟沒有用到 5 分鐘，而且還邊煮邊與顧客聊着天。

他們離開麵攤繼續向前走，孩子突然抬起頭來說：「爸爸，我猜如果爸爸和賣麵的比賽賣麵，你一定輸！」

哲學家莞爾一笑，並且立即坦然承認，自己一定會輸給賣麵的人。他說：「不但會輸，而且會輸得很慘。我在這世界上是會輸給很多人的。」

趣味點評

認識到自己的不足，才能客觀全面地評價自己，並做到謙虛謹慎。這就是經濟學中著名的「最優決策」。

「最優決策」，指的是人們在一些可供選擇的方案中選擇出最利於自己的方案。一個職場人面對錯綜複雜的職場環境時更要做出最優決策。對職場人來說，很多時候都面臨着眾多方案的選擇，尤其是在準備跳槽的時候，如何選擇關乎着自己未來的發展前途，自然需要慎之又慎。唐駿就是一個好例子。

中國打工皇帝的故事

2002 年 3 月，唐駿出任微軟中國總裁，年薪超過 1 億元。然而，唐駿並沒有坐享其成，他有着自己的職業規劃。後來，他跳槽了，這個舉動讓所有人都大吃一驚。而他的這一跳，為他帶來的是在盛大幾年累計超過 4 億元的收入。再後來，他從盛大又跳到新華都，新華都給他的待遇是現金和股票折合 10 億元。他的跳槽引發了社會廣泛關注，由此帶來的影響極具深遠。

我們來回顧一下唐駿的職業生涯：他通過幾次跳槽，實現了人生完美的「三級跳」，在他跳槽的背後則是收入以億元為單位的增長。他的跳槽經歷可以説給職場人樹立了跳槽的榜樣，他每次都能跳到一個更有利於自己發展的平台，而且跳槽的節點也被他把握得恰到好處。

唐駿成功跳出了完美的「三級跳」，他就此將之歸於「幸運」兩個字。然而在我們看來，唐駿的職業發展並不只是幸運兩個字能夠解釋的，而是他在關鍵的職業選擇問題上都做出了最優決策，方才造就了「打工皇帝」的美名。

年輕人想要跳槽，可能是想要獲得更好的工資待遇，可能是想要換一個更舒心的工作環境，也可能是希望擁有更高的職位和發展平台。因此，跳槽實際上就是在這些想法與維持現有工作的多個方案中進行的最優選擇。

當然，這只是年輕人，抑或是絕大多數的職場人跳槽的動因。然而，還有極少數的一部分人，他們的跳槽有着更高的精神追求，那就是實現自我價值。

追求更高的李開復

著名創業家李開復在卡內基梅隆大學博士畢業後選擇了留校任教，教師是他的第一份工作。後來，他離開學校，從 1990 年開始在蘋果待了 6 年，之後到了微軟，在微軟成為了自然交互式軟件及服務部門副總裁。如果按照一般人的看法，這個時候的他已經算是功成名就，達到人生巔峰，可以享受奮鬥成果了。

然而李開復沒有這樣做，他在 2005 年離開微軟後加入谷歌，用了 4 年的時間，成為了谷歌全球副總裁、大中華區總裁。就在大家以為他的職業生涯已經到達巔峰最高點時，他又做出一個新的決策。2009 年 9 月 4 日，李開復離開谷歌，創立「創新工場」，旨在幫助大學生創業。李開復的跳槽經歷詮釋了一個成功者不斷挑戰自我，不斷超越自我，勇於攀登高峰的歷程。這是一種最優決策不斷更新的過程，而這個過程的盡頭，便是實現自我價值的最大成功。

李開復深深懂得最優決策的重要性，他的每一步看似已經非常成功，已經做到了絕大多數人一輩子都做不到的職場成績；然而，他卻依然選擇了不斷跳槽，並在選擇東家時做出了幾次關鍵的最優決策，讓自己一步步走向人生巔峰，每一次跳槽後都達到了更高的職場高度，收穫了更多的財富及職業成就感。

最優決策是一個優中選優的選擇，從多種選擇中做出最利於自己的選擇，這本身就是一種對智慧的考驗。在職場中，當做出跳槽的決定之後，還需要面臨多種考慮，其中最主要的是要算好跳槽的「經濟賬」，這就需要跳槽者結合自己的實際情況，全盤考慮成本、收益和風險因素。

1 成本

每個身在職場的人，都希望擁有更穩定的企業、更舒適的環境、更好的職位以及更豐厚的收入，如果要跳槽，必須要考慮到跳槽的成本問題。跳槽是一個過程，離開原公司，找到新公司，這中間需要一定的時間，也就是需要付出的時間成本；此外，跳槽之後找到的新工作不一定完全如意，甚至可能不如現有的工作讓你滿意，這也是需要付出的成本；再者，跳槽之後，可能失去現有的人脈，這也是跳槽的成本。

2 收益

對於決定跳槽的人來說，必然要考慮到新工作的收益問題。比如，兩家企業提供的工資待遇相差無幾，但是工作環境差別很大。此時，求職者必然會選擇工作環境更好的企業，這樣工作起來才會更舒心、更愉悦。這就是收益問題。

3 風險

跳槽是對未來的選擇，而未來存在很多不確定因素，因此跳槽需要面對諸多風險。很多企業並不喜歡招聘多次跳槽的員工，他們認為這樣的員工欠缺責任心，歸屬感不強。現在的年輕人跳槽很普遍。他們對自己的未來沒有規劃，缺少對自己的理性認識，多次盲目跳槽往往會給他們的職業生涯帶來很大的負面影響。

作為職場人，跳槽是關乎未來職業發展的大事情，需要慎重抉擇。而穩定的工作又是生活穩定的前提，工作不穩定，自然會影響到生活，若因一時衝動而盲目跳槽，不僅很難找到更好的工作，生活也可能會變得一團糟。

年輕人有更高的追求，對未來有更多的夢想，想要到更大的舞台展現自我，想要體現更高的人生價值，這是好事。然而，如果僅僅是因為敢衝敢幹就盲目跳槽，可能會適得其反，給未來的職業生涯帶來衝擊。

　　為了擁有更加美好的發展前景，年輕人在跳槽時一定要做出最優決策，為此需要在跳槽之前算好「經濟賬」，綜合考慮各方面的因素，慎重做出決定，這才是對自己未來負責的態度。只有對自己的未來職業規劃做出最優決策，才能實現成功跳槽，收穫更好的人生。

　　不光跳槽如此，職場中隨時隨處都會面臨最優決策的問題。比如說對崗位的選擇、對團隊夥伴的選擇、對客戶的選擇等，都需要職場人果斷做出最優決策。一旦決策失誤，就可能會給工作帶來麻煩或損失。我們在面對眾多選擇的時候，要保持清醒頭腦，理性冷靜分析，全方位綜合考量，才能最終選擇出對我們最為有利的方案。

二八效應
聽説各位想要看我

　　城裏新開了家動物園，名為「鹿動物園」。為了吸引遊客，園長決定舉行一場動物表演，讓遊客們看到動物們的風采。

　　遊客們進園後，滿眼只看到猴子們在賣力地表演，於是群情震怒，紛紛議論了起來：「為甚麼都是猴子在表演？我們要看鹿啊！」

　　見此情景，園長趕緊站到台上解釋：「我姓鹿，是這所動物園的園長，聽説各位想要看我？」

趣味點評

　　在遊客們心中，普通的猴子是大眾動物，過於常見，並不稀奇，而鹿則是難得一見的動物，顯然，遊客是衝着看鹿來的。當園長告訴大家自己姓鹿時，眾人才知曉這是鬧了一場笑話，原來「鹿動物園」裏並沒有人們想看的鹿。

　　在遊客眼中，鹿顯然要比大眾動物猴子更有看點。對遊客來説，猴子的觀賞價值自然不高，而鹿則具備較高的觀賞價值。這種現象便是經濟學中典型的「二八效應」。

經濟學解讀

第

6

章

「二八效應」，是意大利經濟學家維弗利度‧帕累托提出來的。他説：「任何群體的投入組建會遵循重要的少數和瑣碎的多數的原理。」這句話的意思是：**在任何特定的群體中，重要的因子通常只佔少數，而不重要的因子佔多數，因此只要能控制具有重要性的少數因子，就能控制全域。**

二八效應這一概念一經問世，便在經濟學中得到廣泛應用。根據這一效應，在企業中，只有 20% 的員工是重要的，他們創造了企業 80% 的收益，而剩下的 80% 的員工則創造了企業 20% 的利潤。對企業來説，二八效應至關重要，因為明白了這個效應，企業就會知道這 20% 的員工是企業發展的核心，是企業的未來，也才會更加重視他們。

美國企業家威廉‧穆爾對於二八效應有着深入研究。當時，他在格利登公司做油漆銷售員，他給自己定下一個目標，一定要做公司內 20% 的重要員工。想要實現這一點，就要抓住公司那 20% 的重要客戶。於是，他開始研究自己的客戶，重點聯繫那些優質客戶，並為他們提供更好的服務，而那些一般的客戶，他則分給同事。就這樣，幾個月後他的收入就從第一個月的 160 美元漲到了 1,000 美元。

在穆爾看來，所有的客戶中，20% 的優質客戶提供了 80% 的利潤，這個是他維持客戶關係的重點，而剩餘 80% 的客戶只能創造 20% 的利潤，他必定不會將主要精力放在這部分客戶身上。後來，他經過 9 年的努力，最終讓自己成為了穆爾油漆公司的董事長。

威廉‧穆爾深諳二八效應的重要性，所以他從一開始就有着很明確的職業規劃，決定做那 20% 成功的人。這個信念支撐着他努力工作，從一名油漆銷售員成長為一名油漆公司董事長。做了

輕鬆玩轉職場中的經濟學

管理者後，他更加體會到公司中那 20% 的員工的重要性，於是他根據二八效應調整公司的薪金和獎勵制度，一來可以獎勵那 20% 的優秀員工，二來可以刺激剩下的 80% 的普通員工，讓他們更加努力向那 20% 的員工看齊。

在職場中，二八效應始終存在，大公司如此，小公司亦然。20% 的員工積極工作，獲得回報，買車買房，生活滋潤，踏上人生巔峰；而剩下的 80% 的員工則渾渾噩噩混日子，當一天和尚撞一天鐘，最後只能看着自己工資卡上那微薄的金額，承受着巨大的經濟壓力。

作為職場人，就要有追求，有夢想，就要努力讓自己成為那 20% 的人！如果沒有追求與夢想，工作時就不會有充沛的動力與激情，這樣的人，只能永遠處於那 80% 的隊伍中，甚至有可能被公司激烈的競爭所淘汰，我們應該努力讓自己成為那 20% 的員工，唯有如此，才能實現自己更大的人生價值，獲得更多的職業成就感，讓自己和家人過上更好的生活。

如何成為二八效應中那 20% 的員工呢？我們應該從四個方面努力，讓自己不斷完善，變得更好。

1 優秀的道德人品

生而為人，無品不行，無德不立。職場猶如一個小社會，人品好的人才能夠在公司站穩腳跟，獲得上司和同事的認可。職場充滿競爭，光明正大地憑藉能力在競爭中勝出，自然會被人欽佩；如果是玩陰謀詭計，背後搞小動作，自然會被人孤立。

2 出色的工作能力

優秀的員工都具有很強的工作能力，無論是本職工作，還是上司臨時安排的其他工作，都能夠出色高效地完成；這樣的員工，自然會給上司以好印象，得到上司的提拔與重視。他們人數雖少，卻是企業最需要的員工，也是最能給企業創造價值的員工。

③ 強烈的責任心

企業和員工雖說是一種契約關係，然而企業很希望員工具有強烈的責任心，將企業視為自己的家，將工作視為所熱愛的事業，而不僅僅是一份賺錢養家的工作。責任心強的員工，會和企業「勁往一處使，心往一處想」，尤其是在企業面臨困境的時候，能夠與企業共進退，這樣的員工必然是企業的核心力量，必然被企業視為不可或缺的一分子。

④ 較強的自律性

在一家公司待久了，員工便會產生倦怠感，尤其是一些老員工，工作很多年，散漫拖遝等職業倦怠情緒自然會有，這是正常現象。優秀員工卻有較強的自律性，懂得如何做對企業更有利，而且有自律性的員工也更容易獲得上司賞識。

在職場上，努力的人不一定成功，還要明白職場背後的經濟學，了解二八法則，努力成為企業重要的員工，也就是說要找對職場上努力的方向，方向對了，加上自己的努力，才能事半功倍，如果方向錯了，與成功只會越來越遠。

所以，要懂得二八法則，努力做那 20% 的重要員工，成為創造企業 80% 價值的少數人，這樣才能給自己帶來更有前途的職業發展，創造更大的人生價值，實現更遠大的理想與抱負。

內卷化效應
賣了錢做甚麼

湯姆是一名美國記者，他去非洲鄉村做節目時，看到一個小男孩在放羊。

湯姆問：「你放羊做甚麼？」

小男孩回答：「賣錢。」

湯姆又問：「賣了錢做甚麼？」

小男孩回答：「有了錢就能娶妻生孩子。」

湯姆追問：「你有了孩子的話，打算讓他做甚麼呢？」

小男孩回答：「讓他放羊。」

趣味點評

小男孩的思維模式就是「放羊以獲取經濟收入；用收入娶妻生子，讓子孫後代繼續放羊」，他會讓這種生活模式一直循環下去，卻從沒有想過有了經濟收入後做更有經濟價值的工作，獲取更多的經濟收入，從而改變自己的生活模式。這種不思進取、裹足不前的狀態，被稱為「內卷化效應」。

經濟學解讀

「內卷化效應」是美國人類文化學家利福德・蓋爾茨提出來的。當時他居住在風景優美的爪哇島潛心研究當地的農耕生活。很快他就發現，當地人循規蹈矩，故步自封，日復一日地耕種收穫，生活長期處於一種簡單重複的狀態，他把這種現象稱為「內卷化效應」。

簡而言之，內卷化效應就是指一種停滯式的、沒有任何突破的發展狀態。從本質上看，這是一種重複狀態，更是一種消耗自我潛能的狀態，是一種完全懈怠式的職業狀態。

職場中，內卷化效應普遍存在，是很多職場人真實工作狀態的寫照。環顧四周，我們會發現，很多人都處於這樣的狀態中，他們看似每天按時上下班，甚至有的人還會抱怨工作太忙；然而多年之後，他們並沒有任何改變，沒有職位上的升遷，依然拿着多年不變的薪水。他們早已被磨滅了熱情，成為工作的傀儡，自己卻渾然不覺，依舊渾渾噩噩、原地踏步。

職場中，很多人總是不自覺就陷入了內卷化效應。特別是有些工作多年的老員工，他們不思進取，滿足於現狀，忽視職場競爭的殘酷性，逐漸失去鬥志，找不到前進的方向。這樣的人無法突破自我，只能在原地打轉，早晚要被飛速發展的時代所淘汰。

職場人為何容易陷入內卷化效應呢？究其根源，主要是人的惰性在起作用。對於那些擁有輕鬆、穩定職位的人，工作讓他們覺得舒服，覺得安逸，於是在不自覺中漸漸適應這種狀態，失去外在壓力，喪失應變能力，就好像溫水裏的青蛙，慢慢被年輕人超越，最終只得望洋興嘆，追悔莫及，眼睜睜看着別人取代自己的位置。

對於職場人來説，只要突破內卷化效應，不管年齡如何、職位如何，都能夠重新開始，成為職場上閃耀的「明星」。

想要避免內卷化效應發生在自己身上，就需要深刻反思，主動做出改變，只有克服懶惰思想，不斷給自己充電，才能跳出內卷化效應這個坑。

1 逼自己一把

有句話説得好：你不逼自己一把，你永遠都不知道自己有多麼優秀！如果在工作中感受不到樂趣，感受不到激情，或是缺少改變的動力，沒有努力的方向，這時可以給自己制訂一個新目標，往往能夠有效激發自身潛能。比如挑戰高薪、比如轉行。只有敢於面對挑戰，才能邁出成功的第一步。

2 改變處境的決心

長時間處於熟悉的工作環境中，人就會變得習以為常，覺得任何工作也不過如此而已。要想擺脫內卷化效應，讓自己從重複式內耗中走出，就要有改變處境的決心。比如，你可以在工作之餘學習其他工作技能，通過看書或是報讀興趣班來提升自己的實力。

3 避免「惡性成熟」

所謂的「惡性成熟」，指的是一直按照自己的思維模式發展，長此以往，可能錯誤的東西，也會被自己的潛意識認為是正確的；尤其是那些「成熟」的想法，可能原本就是錯的，也會被自己接受。我們應時刻思考和反省，不要被慣性思維所影響，才能跳出惡性成熟理念這種思維怪圈。

內卷化效應總會或多或少影響到職場人。這就要求我們在工作中，不斷設定新目標，迎接新挑戰，讓自己時刻保持工作的激情，一旦發現自我滿足，就要時刻提醒自己，鞭策自己。只有主動做出改變，保持漸進式增長，提升業務及應變能力，才能在職場中不斷前行，在競爭中永立不敗之地。

不可替代性
非我莫屬

牧師默克去醫院探望生病的鄰居吉瑞，他說：「親愛的，我一直警告你要愛惜身體，你總是不聽。看，上天的懲罰來了吧！」

吉瑞：「照這樣說，醫院裏生病的人都是被上天懲罰的人？」

默克：「當然！」

過了幾天，默克出現在病床上，這次他生病了。吉瑞問：「這次上天是在懲罰你嗎？」

默克：「不！老天爺覺得這份工作非我莫屬。」

趣味點評

默克堅持認為病人都是受到上天的懲罰才生病入院的；然而在他生病以後，他不想承認自己是被懲罰，但又無法自圓其說，便尋找藉口說自己是因為「不可替代」才被安排生病入院的。

在經濟學中，「不可替代性」指的是唯一性，有了這個性質，就能價值連城，獲得不可估量的經濟效益。

在職場中，「不可替代性」指的是你的工作不能被其他人輕易替代。 如果能夠輕易被他人替代，那就是可替代性強，如果他人很難做好你的工作，那就是不可替代性強。要想有好的職業發展，擁有不可替代性是必然的，這也是員工在職場中核心競爭力的一種體現。

一個員工的不可替代性，既與專業技術能力相關，也與學習能力有關，還跟個人性格、為人處世方式有很大關係。這些因素綜合起來，就會讓一個員工有別於其他員工，從而真正形成自己的不可替代性。

舉個例子來說，某企業維修車間來了名員工，專門負責維修機器，同事們看他常捧着本書，學習與機器設備維修相關的最新知識。後來，企業中的大型機器設備出問題時，別人沒有辦法維修，他卻能很快給修好。

這名員工待人也非常和善，來到企業後就和其他員工打成一片，而且還是個熱心腸，經常助人為樂，大家都喜歡和他相處。上司十分器重他，多次提拔他，還派他參加技術培訓，短短兩年時間，他就成為了技術部門的主管。獨一無二的維修技能，不斷學習的勁頭，再加上良好的人緣，讓他的工作具有了不可替代性。

在職場中，科技含量高的技術類工作素來比較吃香，尤其是做到高精尖的技術層面，如果技術能夠碾壓他人，成為行業中的佼佼者，再加上人際關係處理得好的話，無疑就會成為老闆千方百計想要留住的員工。

在阿里巴巴，多隆絕對算得上是個傳奇人物。他是一名程序員，2000 年加入阿里巴巴，直到現在他還是只做一項工作，那就是編寫程式，解決問題。如果你問：「一個阿里的工程師，出了問題找誰解決？」員工們肯定毫不猶豫地告訴你：「有問題，找多隆。」

這就是多隆的不可替代性，也是他的核心競爭力，更是他職業發展的撒手鐧。對於阿里巴巴的員工們來說，多隆有着技術上的碾壓，是公認的工程師中的專家。別人不會的，他會；別人會的，他精；別人解決不了的，他能解決。因此，他成為了阿里巴巴的傳奇人物，人們眼中的「大神」。

按照阿里巴巴的職級劃分，他是高級管理級，是所有工程師都認可的頂尖紅人。他從阿里巴巴剛開始發展的時候就在公司，作為淘寶創始團隊的三個工程師之一，在 2014 年成為淘寶合夥人。根據阿里巴巴的職級設計和薪酬待遇，多隆這樣的人，每年除百萬元計的年薪外，獲得的阿里巴巴股票更是讓他的身價數以億計。這是就技術優勢成就的獨一無二，也是工作不可替代性的一大典範。

多隆並非專業程序員出身，他除了吃飯、睡覺，幾乎沒有甚麼應酬交際，最感興趣的事情就是編寫程式。即使是成為阿里巴巴的合夥人後，他仍然沒有脫離一線工作崗位，仍然每天沉浸在編寫程式的快樂中，甚至外出都隨身攜帶筆記本，隨時都會進入編寫程式的狀態。多隆代表了現在一些行業中的技術頂尖者，他們對專業有着極大的熱情，全身心投入其中，這成為他們工作不可替代性的關鍵。

從職場中行業角度來看，一些職業本身的不可替代性就很強。比如醫生、律師、程序員等，他們的工作一般人根本不可能短時間內上手，更不可能輕易被人替代。一個人工作的不可替代性與他獲得的經濟回報成正比，愈是不可被替代，經濟價值愈高，收入也就愈多。

作為一名普通的職場人，想要提高不可替代性，就需要養成學習習慣，要持續不斷地學習專業技能，這樣才能夠在專業技術上具有競爭優勢，成為企業中的高精尖人才。也就是說，你需要讓自己擁有核心技能，並且將核心技能做到極致，最好是遠超其他員工，這樣才有更強的競爭力。

僅僅做到這一點還不夠，還要做到博學，多了解相關領域知識，做一名複合型人才，這樣看問題才會更加精準，更有深度，才會有更寬的眼界，有更大的格局，這對於個人未來發展至關重要。

職場中，想要具備核心競爭力，成為獨一無二的員工，還有兩點也需要重視，那就是人際關係和職場人脈。在工作中要與上司和同事和諧相處，這樣大家才會認可你；此外，平時還要注重積累人脈，有了人脈就有了未來發展的保障。

具備核心競爭力後，一旦企業遇到相關問題，別人解決不了，只能找你解決；那麼，你自然就成為了上司眼中不可替代的員工，而你的職業生涯也將更有發展前途，未來獲得的回報也會更大。

第 **7** 章

更精準有效的
經濟學

複利
只要搏一搏，
單車變摩托

　　傑克進入投資行業沒多久，還只是一個新人，他學習了很多東西，其中「利滾利」讓他最感興趣。他逢人便講此事，並力邀對方投資。

　　他的鄰居問：「傑克，你說的利滾利到底是怎麼回事呢？」

　　傑克說：「就是財富繁殖財富啊！比如你今天投資10元，明天就可以拿到20元，也就是說財富會倍增！抓緊時間把你的財富投過來吧！」

　　「財富倍增？聽上去很有趣。」鄰居說着，把自己的單車推到傑克的院子裏。

　　傑克不解地問：「嗨，你這是做甚麼？我沒說要借你的單車用啊！」

　　鄰居回答：「我這是投資啊！只要搏一搏，單車變摩托。」

趣味點評

　　傑克勸鄰居投資，說可以通過利滾利的方式獲得財富的倍增。鄰居於是推過來自己的單車進行投資，以為這樣就能收穫價值一輛摩托車的經濟回報。雖然這是一個幽默故事，但在經濟世界中的確存在利滾利現象，這種現象被稱為「複利」。

經濟學解讀

經濟學中的「複利」很容易理解，簡單說就是利滾利。很多人雖然明白這個道理，卻根本沒有意識到複利的威力，不知道複利能夠帶給我們的回報有多麼巨大。

有一個古代故事，對複利進行了非常形象的描述：有個人發明了國際象棋並獻給國王，國王很喜歡國際象棋，於是要獎賞這個發明者，就問他想要甚麼樣的獎勵。這個發明者想了想，對國王說，在國際象棋棋盤上放上一些米粒就可以了，第一格放上 1 粒米，第二格放上 2 粒米，第三格放上 4 粒米，以後的每一格都放上前一格的兩倍的米粒，把國際象棋的 64 格放滿就行了。

國王聽完發明者想要的獎賞，覺得這個發明者簡直是個傻瓜，白白讓自己錯失了一個天大的獎賞機會。然而，當國王讓大臣計算出要擺放的米粒個數後，卻傻了眼。因為他發現放滿國際象棋 64 格需要的米粒簡直是一個天文數字：1844 億萬粒！即使把全國所有的米都獎賞給這個發明者，依然遠遠不夠。無奈之下，國王只好用其他方式獎勵了這個發明者。

這個故事讓我們看到，複利的作用非常明顯。看似很少的東西，經過複利的疊加，最後會大得難以想像。**在投資中，如果重視複利，持續小筆的投資，經過長時間的複利，就能夠獲得大筆的回報。**

如果你得到一份工作後，讓你在以下兩種薪酬支付模式中選擇一種：一個是每個月給你 30 萬元，另一個是第一天給你 0.01 元，第二天給你 0.02 元，第三天給你 0.04 元，第四天給你 0.08 元，以後的每一天給你的工資都是前一天的 2 倍。你會如何選擇呢？

相信很多人會毫不猶豫地選擇前者。因為在一般人眼中，30 次的疊加並沒有太大的數額，而前者則是直接的 30 萬元，這是一

筆很可觀的錢。

其實，這樣的想法是大錯特錯的。儘管在人的潛意識中，前者是 30 萬元，而後者是從 0.01 元開始疊加，完全沒法與前者相比。可經過計算，結果卻讓所有人大吃一驚，後者一個月得到的工資加起來竟然為 10,737,418.23 元。這就是複利的倍增力量，看似毫不起眼，威力卻非常巨大。

如果你想投資，就需要重視複利。從複利角度來看，愈早投資愈好，因為投資時間愈長，複利帶來的回報就愈大。比如，你手中有 1 萬元用來投資，每一年的複利都按照 12% 計算。這樣的話，10 年投資就變成 3.11 萬元，20 年投資就變成 9.65 萬元，30 年投資則變成 29.96 萬元。如果你手中有 10 萬元，複利的 12% 的話，30 年後，就能將 10 萬元變為 299.6 萬元。

另外在進行投資時，並不是非要大筆的錢不可，小筆的錢，多次投資、持續投資，也能夠獲得讓你意想不到的收穫。按照複利投資，在回報率一定的前提下，最終的回報和投資的原始本金有直接關係，也和投資年限呈正相關關係。也就是說，你一開始投資的愈多，投資的愈久，最後獲得的回報就愈大。

在對複利有所了解後，我們懂得了複利投資能夠帶來的巨大經濟回報。既然複利如此重要，那麼，我們應該如何利用複利投資，獲得更好的回報呢？

❶ 適當投資

任何投資都是有風險的，只是風險大小的問題。投資需要謹慎，需要理性分析，根據自己的實際情況制訂投資規劃。對普通人來說，手中的錢本來就有限，投資更要兼顧安全和收益，尋找到兩者的平衡點。比如，可以每年拿出一部分錢，在不影響日常生活的前提下作為投資資金，這部分投資資金可以選擇一些適合的投資理財產品。現在的投資理財產品選擇非常多，個人可以根據實際情況進行合理選擇。

2 投資要趁早

根據複利的回報來看，投資的年限愈長，獲得的回報也就愈大，因此愈早投資愈好。比如，你 25 歲開始每年拿出一部分錢投資，和 35 歲開始每年拿出一部分錢投資，在你 50 歲時獲得的回報差距會非常大，就是這個道理。所以說，如果手中有閒錢，愈早投資獲利愈豐。

3 保持收益水平穩定

複利投資理論告訴我們，在收益水平穩定的前提下，投資時間愈長，獲得的回報愈大。因此，進行投資時，要選擇收益水平更加穩定的金融產品，這樣能夠降低投資風險。如果投資的收益水平波動較大，投資風險必然就高，未來的回報也就更不確定。

對普通人來說，投資理財是一個非常好的增加財富的渠道和方式。很多人手中的資金不是很多，即使手中有些錢，也不會選擇投資，而是選擇存在銀行。這種做法其實是對財富的一種浪費。現在的銀行利息較低，而各個銀行提供的投資理財產品種類豐富，可以為我們帶來更多的投資選擇。

投資是一個熱門話題，是一個人人都需要關注的話題。我們手上可能沒有太多的錢，但我們要明白，投資是一種很好的理財方式。我們要轉變理念，懂得投資的重要性，懂得利用複利進行投資，讓錢生錢，才能讓自己獲取更多的收益。

馬太效應
多多益善

　　一個富翁遠行前，交給三個僕人每人一錠銀子，吩咐他們：「你們去做生意，等我回來時，再來見我。」富翁回來時，第一個僕人說：「主人，你交給我的一錠銀子，我已賺了 10 錠。」於是富翁獎勵了他 10 個硬幣。第二個僕人報告說：「主人，你給我的一錠銀子，我已賺了 5 錠。」於是富翁便獎勵了他 5 個硬幣。第三個僕人報告說：「主人，你給我的一錠銀子，我一直包在手巾裏存着，我怕丟失，一直沒有拿出來。」於是，富翁命令將第三個僕人的那錠銀子賞給第一個僕人，並且說：「凡是少的，就連他所有的，也要奪過來。凡是多的，還要給他，叫他多多益善。」

趣味點評

　　這個故事說明的就是著名的「馬太效應」，它指的是「強者更強，弱者更弱」的道理，即強者能夠憑藉自己的優勢，將優勢發揮到最大化，從而變得越來越強；而弱者則不同，他們始終處於弱勢，難以發揮出應有的優勢，且易受到自身弱勢的影響，變得越來越弱。

經濟學解讀

在投資領域存在着明顯的馬太效應，愈有錢的人投資賺錢就愈容易，錢就會越來越多；而愈沒有錢的人，投資賺錢就愈難，錢只能越來越少。

不同的人對投資有不同的看法，其投資理財觀念也就不盡相同，而個人的投資理財觀念直接影響着個人的投資決定，進而影響着個人的投資回報。即使是兩個人手中有同樣的資金，如果投資理財觀念不同，獲得的回報也會不同，甚至相差甚大。

比如，有兩個人，他們是很好的朋友，手中同樣都有 3 萬元資金可以進行投資，可兩個人不同的做法，卻帶來了完全不同的回報。一個人對股市比較感興趣，自己對於理財的認識也比較靈活，認為股市是一個不錯的投資選擇，於是就開始了解股市，研究股票。一年之後，他投資 3 萬元買的股票漲了，結果賺了 3 萬元。

此時，他並沒有繼續增加資金，反而將股票全部賣出，獲利離場。拿着手中的 6 萬元，他沒有在短時間內再次進入股市，而是看到他所在的城市有一批新的商舖出售，於是他果斷辦了貸款，買下了商舖。買了商舖後的第二年，剛好趕上房價大漲，商舖價格漲了一倍，他一下子獲得了幾十萬元的豐厚利潤。

另一個人同樣拿 3 萬元投資，但他不了解股市，不敢貿然進入，對於銀行理財產品也覺得有些不可靠，於是就把這筆錢存進了銀行。幾年之後，這個人只是得到了銀行的微薄利息，這些利息卻遠遠比不上物價上漲的幅度，實際上最終他賠了錢。

兩個人開始的資金相同，都是 3 萬元，但由於投資理念不同，最終的結果卻天差地別。第一個人用 3 萬元進行投資，通過投資股市和房地產，讓 3 萬元變成了幾十萬元；第二個人同樣是 3 萬元，他卻存到銀行，雖然拿到了利息，可利息微薄，而且因通

貨膨脹而被抵消。

　　通過比對這兩個人不同的投資理財渠道，可以看到這兩人投資理財觀念上的明顯差別。正是由於兩人有着不同的投資理財理念，因而做出了不同的投資理財選擇，最後才形成了巨大的回報差距。

　　我們經常聽到「你不理財，財不理你」這句話，說的就是投資理財的重要性。**你只有去投資理財，財富才可能不斷增長，如果你不懂得投資理財，或是不去投資理財，就不可能找到錢生錢的最好方式。**馬太效應告訴我們的正是這樣一個淺顯的道理。根據馬太效應，愈是有錢的人，賺錢愈容易；愈是沒錢的人，賺錢愈難。假如一個人有 1,000 萬元，他如果做投資理財，按照 5% 的收益率計算，每年也能夠獲得 50 萬元的投資收益。

窮者愈窮　富者愈富？

　　這和窮人與富人的投資心態有很大關係。富人對金錢沒有太多的患得患失，他們不缺錢，感受不到為錢發愁的壓力；窮人則不同，本來就沒有多少錢，還要面對很大的生活壓力，急於想要變得有錢，自然更傾向於選擇回報率更高的投資。然而我們知道，投資回報與投資風險成正比，回報率愈高，投資風險肯定愈大。

　　更有甚者，有的窮人會被詐騙公司利用，這些公司承諾給他們遠高於一般投資收益的回報，誘導人們把有限的錢投入進去，到最後只會人財兩空，甚至連本金也被騙光。一旦投資失敗，窮人沒有錢繼續投資，自然就會越來越窮。富人則不同，他們即使投資失敗，也能夠承受損失，不會對自己的生活造成太大影響。於是，在富人與窮人身上就形成了兩種完全不同的循環：富人處於良性循環，財富越來越多；窮人處於惡性循環，財富越來越少。

　　作為普通人，我們應該了解投資中的馬太效應。根據這一效應，**我們投資理財時應該更加謹慎，更加重視投資的安全性，注意把控投資風險，不圖一夜暴富，只望細水長流。**有了這樣的

好心態，投資自然能夠獲得穩定的回報。用於投資的錢最好是暫時用不到的錢，也就是說，不會對日常生活造成影響。用閒錢投資，自然沒有急躁心理，更不會強求高回報率，符合投資的一般思維。

股市中就有很多類似的案例。有的人將一部分閒錢買股票，很長時間不看股市，幾年之後反而賺了錢；有的人看到股市行情好了，就盲目買股，甚至借錢買股，天天看行情，夜夜想暴富，最後賠得底朝天。

馬太效應告訴我們：強者更強，弱者更弱。生活中，我們應該積極利用馬太效應的正能量，努力讓自己越來越強大，而愈強大就會愈富有，愈富有就會愈強大，以此形成良性循環，獲得越來越多的財富。

博傻理論
唯一的傻子

某樓盤開盤，一個購房者趕過去想要買房。等他到了才發現根本擠不進去。

購房者靈機一動，大喊一聲：「大家注意啦！對面那家樓盤價格很低！」

所有人一聽此言，都奔向對面樓盤的銷售處，大家爭先恐後，怕被別人搶了先。這邊的銷售大廳裏只剩下購房者一人，售樓經理親自接待他。

他正決定要好好挑選戶型時，就聽對面一陣躁動，原來是眾人在議論對面的樓盤價格低得離譜。購房者一愣，心想：「原來對面樓盤價格是真的低！」於是他拔腿就往外跑。

只見售樓經理在後面追喊：「先生，價格根本不可能那麼低，別傻了！」

趣味點評

樓盤的價格都有固定成本，定得太高肯定是房地產商牟取暴利，但價格奇低，就可能是利益驅動背後的投機遊戲。那些明知是投機遊戲卻還是選擇擁入的人就是傻子。像購房者這樣盲目跟風的人，很有可能成為市場的接盤者。這種現象在經濟學中稱之為「博傻理論」。

經濟學解讀

「博傻理論」是資本市場中一個非常有名的理論，説的是人們很多時候都會忽視投資對象本身的真實價值，看到其他人都爭相購買而加入其中，這些人不認為自己是傻子，即使他們覺得這種行為很傻，但仍堅信會有比自己更傻的人出更高的價錢購買，因此他們始終相信自己能夠獲利。

有的人會利用博傻理論做局，誘導不知情的人購買，最後那個買的人成了唯一的傻瓜，也就是最後一個傻子。畢竟，前面的人買了之後又賣了，不管買的價格如何，賣的價格更高，自然賺到了錢。而最後一個買的人，因為沒人再敢買他的，他賣不出去，於是就成了那個真正的傻子。

比如，雀鳥市場中有一個人提着鳥籠子閒逛，幾個人看籠中的鳥非常好，想買，討價還價之後，鳥以一千元價格被人買走。過了幾天，買鳥的人又提着這隻鳥來到雀鳥市場，被喜歡這隻鳥的人以二千元的價格買走。再過幾天，買鳥的人又提着鳥來到雀鳥市場，這隻鳥再以五千元的價格被買走。後來，這隻鳥再被提到雀鳥市場，以一萬元的價格被買走。買走這隻鳥的人認為這隻鳥還能繼續漲價，然而當他提着這隻鳥來到雀鳥市場後，沒人詢價，最終這隻鳥砸在了最後這位購買者手裏。

通過這則幽默故事，我們對博傻理論有了一個直觀的認識。買鳥的那些人明明知道這隻鳥不值那麼多錢，卻依然選擇購買，就是因為他們發現很多人對這隻鳥感興趣，有人感興趣，自然就有市場，就會有人以更高的價格購買。

即使他們知道有可能自己買了這隻鳥後會砸手裏，但他們還是抱着僥倖心理認為自己不會是最後那個傻子。他們都抱着「總會有比自己更傻的人接盤購買」的心理，認定會有人來從自己手上把鳥買走。而最後一個買鳥的人自然最倒霉，其他的人都賺到

了錢，只有他成為了那個真正的傻子。

博傻理論始終存在於資本市場，尤其是在大眾最為熟悉的股票市場中，這一理論一直在發揮作用。在股市中，股民普遍都存在買漲心理，股價漲得愈多，買的人愈多。這時的股民往往都會忽視股價本身的漲跌規律，即使是有的股民覺得價格已經非常高了，很可能要跌，他們也更傾向於股價還會再漲一波，好讓他們能夠賣出獲利離場。

博傻理論讓我們明白一個道理：傻子不可怕，成為最後一個傻子才可怕。對於股票、基金以及證券市場上的投資者來說，他們何嘗不懂得這個道理，但卻仍然義無反顧地投身其中，明知道賺錢的少、賠錢的多，仍然選擇進入，抱着賭一把的心態，認為會有人接盤，自己會是獲利者。

博傻理論可分為兩類不同的情況。

1 感性博傻

購買者只憑藉自己的感覺購買，對他們來說，他們不知道博傻理論，也不明白價格到底高到了甚麼程度，只是覺得能賺到錢，可以算得上是衝動型購買。

這一類投資者在股市中非常多，就是人們口中常說的「割韭菜」裏的「韭菜」，股民看到股價持續上漲，他們覺得有利可圖，卻根本沒有意識到股價持續上漲背後的風險，等到莊家套現離開之時，他們則成為接盤者，剛買入手中不多久股價就開始跌，甚至是大跌，於是更多人拋售，股價越來越低。

2 理性博傻

購買者非常明白博傻理論，也知道股價高漲之後必然暴跌，然而他們堅信會有更多的傻子進入，自己不會成為「被割的韭菜」，而是作為中期進入的獲利者，有利可圖便立刻拋售離開，避免自己成為最後那個接盤的傻子。

一般來說，這一類投資者比較理性，他們中期進入，只是用一部分資金進行理性投資；因為理性，他們不會放手一搏。即使是進入之後遇到股價下跌，他們也早就設定了止損線，一旦達到止損線，他們就會毫不猶豫地止損退出。這一類投資者往往對股價高低有比較理性而準確的判斷，有一定把握才會進入，否則他們寧願作為旁觀者。

既然很多人都懂得博傻理論，知道其中潛在的投資風險，那麼他們為甚麼還紛紛冒險投資呢？從人性角度說，關鍵在於「貪」，在於投機心理的作祟。在這些人看來，其他投資回報率太低，根本滿足不了他們對金錢的貪慾，而這樣的投機更符合他們搏一把的心態。於是，他們紛紛進入，帶着「肯定有更多的傻子進入」的心態，想要成為獲利者，而最後的結果十有八九是適得其反。

在投資中，想要獲利是普遍心態，需要對投資有更加理性的思考，要明白複雜的投資環境所存在的風險，遏制自己的貪心，這樣就不會成為那最後一個傻子，而成為一個獲利的投資者。

作為投資中的一個知名理論，很多人都明白博傻理論，但他們卻依然前赴後繼，妄圖搏一把，到頭來絕大部分的人最後都是大虧。所以，懂得博傻理論只是前提，更為重要的是要遏制住自己的僥倖心理，理性投資，不被高回報所蒙蔽而喪失對高風險的警惕，這樣才不會成為博傻理論中的最後一個傻子。

資產組合選擇理論
上天能解決這個問題

托比想吃蛋糕，托比夫人去便利店買雞蛋，還同時買了蔬菜和水果。回到家後，她發現蔬菜和水果把雞蛋都壓碎了，只好扔掉。

第二天，托比夫人再次來到便利店買雞蛋，這次她把雞蛋單獨放在一個籃子裏，心想，這次總不會壓碎了吧。然而在回家的路上，托比夫人滑了一跤，一籃子雞蛋全碎了。

托比夫人發誓不再去便利店，也不再做蛋糕。

托比知道後，難以置信地大喊：「噢，我的天呀！」

夫人氣惱地說：「老天爺也不能解決這個問題。」

托比回答：「不！老天爺當然能解決這個問題。」

夫人好奇地問：「那他老人家有甚麼好主意？」

托比回答：「老天爺說，不要把所有蛋放在同一個籃子裏。」

趣味點評

托比夫人把第一次購買的所有物品都放在同一個籃子裏，雞蛋被其他物品壓碎。第二次她把所有雞蛋單獨放在一個籃子裏，但因不慎摔跤，雞蛋又被摔碎。托比夫人認為這個問題太難解決，但托比說老天爺能幫她解決這個難題，即把雞蛋分別裝進多個籃子。經濟學中將這種行為稱為「資產組合選擇理論」。

經濟學解讀

「資產組合選擇理論」是由美國經濟學家馬科維茨提出，後經托賓等經濟學家論證的一條經濟學理論，其主旨在於「不要把雞蛋放在一個籃子裏」。通俗地講，就是在選擇投資產品的過程中，需要依據風險程度，將不同的投資產品進行組合，將資金分散投資，這樣就能夠平衡風險與收益，將投資的風險盡可能地降低，保持投資回報處於一個比較符合投資者期望的水平上。

為提高投資選擇的資產組合收益，獲得期望的回報率，托賓根據這一理論，提出了「托賓模型」。他將資產劃分為貨幣和債券兩大類。在他看來，如果手中是貨幣，風險自然小，但是幾乎沒有收益，因此他將貨幣視為安全性資產；如果手中是債券，自然能夠獲利，但是風險也更大，因此他將債券視為風險性資產。

對投資者來說，既要最大化收益，又要降低風險，就需要持有這兩類不同風險程度的資產，並且在實際投資中，依據投資者個人的風險偏好，對這兩類資產的配比進行合理分配。

托賓將投資者的風險偏好劃分為三類。

1 風險規避者

投資者首先考慮的是資產安全，對於收益率則不是首要的追求，能夠獲利即可。這類投資者屬保守型的投資者，他們謹小慎微、拒絕冒進、畏懼風險，秉承的是「寧願穩步慢走，不能大步扯筋」的投資理念。

2 風險偏好者

投資者追求的是高回報，往往會直面投資風險。他們認為高風險能夠帶來高收益，而且帶來高收益的可能性很大，為此甘願冒險一搏。這類投資者屬冒險型投資者，崇尚「人生拼搏最為重要，搏一搏生活天翻地覆」的投資理念。

③ 風險中立者

投資者既想獲得一定收益，也極為重視投資風險，認為風險不能過高。也就是說，他們希望風險與收益能夠達到一個平衡。這一類投資者屬理性投資者，兼顧收益和風險，堅持「在理性中尋找到風險收益平衡點」的投資理念。

在投資界，投資新手往往重視風險，而在投資領域中獲得一定經驗之後，他們往往更加重視收益，轉化為風險偏好者；最後，大部分投資者往往都會成為風險中立者。

風險投資組合是為了更好地分攤風險，就像將雞蛋放在不同籃子裏，將風險分散。但我們說，投資分散必須要有一個度，不能無限分散，也不能分散不足。如果投資分散不足，也就是籃子不夠，那就會失去借助投資組合來規避和控制風險的作用；如果投資過於分散，也就是籃子過多，風險和收益則可能會相互抵消，最終的回報不盡如人意，也就失去了投資組合的意義。

那麼接下來的問題是，究竟選擇幾個籃子更合適？也就是說，投資分散到何種程度最好？對於這個問題，並沒有明確而固定的答案，這與投資者本人的風險偏好有直接關係，需根據投資者本人的實際情況確定。

投資界的神話巴菲特非常推崇投資組合。他曾經在 2007 年提出一個賭局，他堅定地認為專業的對沖基金經理所提出的基金組合，不可能比美國標普 500 指數基金（ETF）有更好的收益，於是他拿出 100 萬美元作為賭注，任何基金經理都可以參與其中，他還把這一賭局的時間設定為 10 年，以供對沖基金經理有足夠的時間來證明自己。

接受這場賭局的是美國一位名為泰德・西德斯的基金經理，他根據當時市場上的對沖基金的表現，最終決定將 5 隻他認為未來 10 年有出色表現的對沖基金作為賭局的投資組合。泰德・西德斯對於這個賭局的勝算非常有信心，這源於他對自己專業能力的自信，更源於他對於市場上表現最好的基金產品的自信。在他

看來，他選擇的基金產品，可能短期內會有波動，但是長時間來看，收益會非常可觀。

到了 2017 年年底，賭局分出了勝負。在 10 年中，巴菲特的標普 500ETF 漲幅達到 85%，年收益在 7% 左右，而泰德‧西德斯選擇的 5 隻對沖基金，雖然其中的 1 隻對沖基金漲幅達到 63%，但是其他的對沖基金則表現不好，其中 3 隻對沖基金表現比較慘淡。基金經理選擇的對沖基金，雖然在一段時間內表現要好於標普 500ETF，但從 10 年的綜合收益來看，還是難以與標普 500ETF 指數的收益相比，巴菲特成為此次賭局的勝利者。

巴菲特的賭局讓人們意識到一件非常有意思的事情，那就是，如果在 2007 年你是一個沒有任何投資經驗的新手，只要手裏有錢，隨便選擇 500 隻股票的 ETF 指數基金，然後選擇其中的數個基金作為投資組合，到了 2017 年，你的收益就會比專業的基金管理人高很多。這個案例告訴我們分散投資的好處。

多年以來，巴菲特對於股民詢問的投資訣竅，始終不厭其煩地表達着自己的看法，那就是：分散投資。在他看來，普通的投資者在專業投資知識和經驗方面肯定和專業投資者存在很大差距。然而，這並不是重點，關鍵點在於專業基金經理不是萬能的，他們也會有犯錯誤的時候，也會出現投資虧損，也不一定能長期保持高收益。因此，巴菲特斷定他們的專業操作帶來的投資回報不一定比指數基金更高。

這讓我們明白了一個道理：專業的投資人，尤其是基金經理，他們雖然在專業領域有着豐富經驗，但是和普通人一樣，他們也難以對未來市場做出精準預測，他們更多的時候只是通過專業知識來規避風險，比一般投資者更加理性罷了。

然而，雖說理性投資可以規避一定風險，卻也可能錯失很多良機。專業投資者往往選擇的都是回報率居中的產品，他們的專業性決定了他們不太可能選擇太差的投資產品，也不太可能選擇最好的投資產品，他們必須考慮風險與收益問題，由此就會讓他們與機會擦肩而過。

資產組合選擇理論為中小投資者尤其是普通人，提供了一個投資的基本方向：作為投資者，當你不確定風險和收益的時候，不要盲目地孤注一擲，投資是一個理性的經濟行為，通過投資組合，選擇不同風險的投資產品，在規避風險的同時獲得期望收益，這才是投資者進行投資的一種理性思維。

鱷魚法則
上帝沒空理你

　　牧師和朋友去湖邊釣魚，卻不知湖裏有鱷魚。朋友剛在湖邊坐下，便被鱷魚一口咬住了左腳。

　　牧師情急之下，一刀砍斷朋友的左腳，把他拉回到岸邊。

　　望着失血過多快要暈倒的朋友，牧師並沒有馬上把他送進醫院，而是向上帝禱告：「上帝啊！請告訴我該怎麼辦才好？」

　　這時鱷魚追了過來，對牧師說：「上帝可沒空理你，他正在給我準備豐盛的大餐！」

趣味點評

　　朋友給鱷魚咬住左腳，如果不及時逃脫，就會被鱷魚吃掉。牧師當機立斷砍斷朋友的左腳，保住了朋友的性命。這種及時止損的辦法，為他們爭取了寶貴的逃生時間。在經濟學中，這種對止損的處理方法被稱為「鱷魚法則」。

經濟學解讀

　　眾所周知，鱷魚咬住獵物之後就不會鬆口。因此，如果被鱷

魚咬到腳後，千萬不要掙扎，更不要用手去試着掙脫腳；那樣的話，鱷魚會抓住機會連手也一起咬住，而且掙扎得愈厲害，鱷魚咬得就愈緊。此時最好的選擇就是斷腳求生，就像幽默故事中的牧師解救他朋友那樣。

這種對止損的處理方法放在股市中同樣適用；「鱷魚法則」一直被股市投資高手們所熟知。假如你買的股票價格走勢越來越低，且在短時間內難以上漲，你最好的選擇就是拋售離開，而且要毫不猶豫，一旦猶豫就可能被深度套牢，從此難有翻身機會。

對於股市中的這類情況，投資大師羅伊‧紐伯格深有感觸。1929 年，26 歲的紐伯格剛進入投資行業，就遭遇到了經濟大蕭條。在大蕭條來臨前，紐伯格感覺不對，便毫不猶豫地拋售掉了他的房地產第一抵押債券。當其他人被 1929 年美國股災這條「鱷魚」咬住並被吞噬的時候，他卻安然無恙地渡過了這場劫難。同樣的操作，他也應用在 1987 年的美國股市大崩潰中。當時很多投資者都在這場大崩潰中輸得一無所有，而他不但沒有損失，反而業績驕人。

羅伊‧紐伯格對投資者有一個很好的建議，那就是及時止損，他認為「不接受虧損現實，就等待死亡；而接受虧損現實的做法，便是立即止損」。羅伊‧紐伯格是幸運的，這與他有着自己的投資原則是分不開的。正是憑藉自己敏銳的風險感知和果斷的投資決策，他才能屢次規避風險，獲得收益。

相比於紐伯格，同時期的大多數投資者卻沒有這麼幸運，他們不懂得「斷腳求生」，不明白鱷魚法則的重要性，即使有的人明白，也因為自己的僥倖心理和猶豫不決而損失慘重。

買過股票的朋友肯定對股價漲跌有很深刻的感受。自己的股票跌幅在 10% 之內不會太緊張，反而會因為對股價上漲很有信心而繼續補倉，而當股價跌去 20% 之後，就開始猶豫不決，想要持倉觀望，或是割肉退出，甚至還想要補倉拉平損失。如果股價繼續下跌，跌幅持續擴大，手裏卻沒有補倉資金，還會在心裏安慰自己：「過不了多久就漲了。」然而等待的結果，卻是最終被死死

套牢。

這就是一種普遍的投資心理。股價愈跌愈不敢賣出，既怕賣了後賠錢，又怕賣了後漲。其實，股價漲跌都是正常的，股市中想要獲得收益，不僅在於何時賣出，更在於何時止損。

炒股的人都會明白，虧損更容易，而獲利更難。比如，你買了 1,000 元的股票，一個跌停就剩下了 900 元，即使是第二天再漲停，也只是 990 元。也就是說，如果你不懂得止損，就可能在猶豫不決中愈套愈深；懂得止損退出，雖然暫時虧損，但起碼有了未來翻身的家底。

巴菲特對投資者提出過不少投資建議，他的很多投資法則和名言被眾多投資者奉為投資法則。比如，他認為：「成功的秘訣有三條：第一，盡量避免風險，保住本金；第二，盡量避免風險，保住本金；第三，堅決牢記第一、第二條。」在眾多投資法則中，他記得最牢的一條就是鱷魚法則。因為即使是巴菲特，也不是任何時候都能夠保障投資就會有收益，他也會面對很多虧損，而鱷魚法則讓他對市場有清醒的認識，讓他懂得止損，而且止損非常果斷，從不拖泥帶水。

在投資市場中，只是懂得果斷止損還不夠，還應止損徹底，而且要明白甚麼時候出擊。就像幽默故事中的牧師，砍斷朋友的左腳，做到了果斷止損，可他把朋友帶到岸邊後並未及時離開，也沒有給警察打電話來捕捉鱷魚，最終讓自己和朋友成為了鱷魚口中的美餐。

巴菲特在這一點上做得就非常好。他始終堅持「在別人恐懼時我貪婪，在別人貪婪時我恐懼」的市場原則，盡可能地保證資金安全。因為他深深懂得，別人貪婪的時候，必然是市場大漲的時候，面對即將到來的風險，此時應撤退止損；而別人恐懼的時候，必然是市場跌到一定程度馬上要反彈的時候，面對大盤的抄底，此時應迅速投資。

在股市中，盈利非常重要，這是每個投資者進入股市的初衷。

然而，止損更重要，因為保住資金才能保住了未來。因此，要時刻將保本放在第一位，將盈利放在第二位，最好是設置明確的止損線。止損是一個合格投資者最基本的質素，而懂得止損的人往往會盈利，反而一味地想着盈利的人很容易虧損，甚至是血本無歸。

在市場中我們發現，止損確實非常難。雖然投資者都明白止損的重要性，但是真的到了自己頭上，需要做出止損決策的時候卻非常艱難。即使是很多投資者都已經設置好了止損線，但達到止損線的時候很多人並沒有立即執行而被套牢。止損如此之難，不外乎以下三個方面的原因。

1 僥倖心理

許多投資者心中都存在這種僥倖心理，認為股價早晚還會漲回來，等漲回來一些再賣也不遲。在這種僥倖心理作用下，最終錯過了最好的止損機會，其結果十有八九被深度套牢，最終只得含淚退出。

2 心理影響

股價如果波動過於頻繁，投資者心態必然會隨着股價波動而波動，此時投資者也就更難果斷做出決定，往往會猶豫不決，影響到他們及時止損。

3 人性弱點

止損是對人性的考驗，人性都有弱點，人們都很害怕失去，覺得止損就是賠錢，他們不想看到賬面上損失的數額，於是就不斷地給自己一些希望，所以就很難做出及時止損的決定。

針對止損難這個問題，需要投資者理性看待。對投資者來說，買入的個股數量不能太多，要盡量減少買賣的次數，最好不要頻繁買入賣出，做短線很容易買漲賣跌。個股數量少，投資者才會有更多的時間和精力去研究和關注股票的走勢；買賣次數少，才會逐漸傾向於長線投資。

輸者贏者效應
穿上將軍服就是將軍

　　拿破崙剛做了將軍就迫不及待地回了趟家鄉。當時家鄉的人還不知道他已經功成名就。

　　在路上，他遇到了以前的小學老師，拿破崙想起兒時頑劣經常被這個老師罵，認為他不成器，將來會一事無成，於是便走到老師跟前想要顯擺一下。

　　可他還沒有說話，老師已經變了臉，厲聲訓斥：「我沒想到你竟頑劣到如此地步！你以為穿上將軍服就是一名將軍了嗎？」

趣味點評

　　拿破崙兒時調皮搗蛋，給小學老師留下了惡劣的印象，在老師眼中，他將來肯定是個一事無成的人。時隔多年，拿破崙已經成長為一名將軍，然而在小學老師的主觀印象中，他還是那個頑劣的人。這個老師憑藉自己以往的經驗，判斷拿破崙依舊一事無成，只是穿著將軍的衣服顯擺自己，因此鬧了一個大笑話。在投資中，依靠以往的經驗來判斷現在發生的事情，這就是「贏者輸者效應」。

經濟學解讀

2017年諾貝爾經濟學獎得主理查德‧塞勒經研究發現，資本市場中的行情變化所帶來的影響，主要是與投資者的非理性思維之間存在一定的關聯性，為此他提出了「輸者贏者效應」這一概念。

在他看來，投資者的投資往往都是依靠以往的經驗，而這些經驗基本上是靠不住的。投資者總是傾向於把以前投資的失誤過於放大，即使是再次面對同樣的投資機會，即使是風險很低，他們也不敢嘗試，這給他們帶來更多的悲觀情緒，對未來的投資不看好。同時，他們又會對以前投資盈利的行為主觀誇大，將以前可能因為僥倖和運氣而盈利的投資歸結為自己的投資經驗，從而對自己的投資能力過於樂觀。塞勒將這種現象稱為「輸者贏者效應」。

也就是說，投資者面對各種消息，不管是好消息還是壞消息，都會表現出感性的反應，而且是誇大化的反應。對投資者來說，這樣的理念要不得，有可能讓他們錯失絕佳的投資機會，也很可能讓他們虧損，甚至帶來毀滅性的打擊。

在這種心理影響之下，投資者往往做出錯誤的決策。投資者會低估以前那些表現不好的，而高估以前那些表現好的。也就是說，以前表現不好的業績反而可能遠超投資者預料，而投資者認為表現很好的可能遠低於投資者的預期。

塞勒不但在投資理論方面有很高的成就，同時也在投資實踐中取得了很好的成績。早在1993年，他就和朋友合夥創建了基金公司，公司的所有工作都在他的經濟學理論操作下取得了卓越的成績。在他的公司中，公司管理了眾多隻基金，尤其是其中一隻基金就是嚴格按照他的這一理論操作的，而且這隻基金表現得非常好。

那麼，塞勒公司管理的基金表現到底有多好呢？我們來看一組數據：投資者如果在 1998 年 12 月買入 1,000 美元，到 2017 年，基金價格就變為 9,000 多美元，這期間的投資回報率為 832.44%。這一數據是非常讓人震驚的，因為它相比於股神巴菲特公司這些年基金的最高回報率 307% 還要高出近兩倍。

如果你是一個股民的話，對於塞勒的「輸者贏者效應」應該有很深刻的感受。中國股市經歷過幾次大的暴跌，當時的投資者都非常恐慌，紛紛拋售股票，然而等到股市回暖，那些拋售股票的人又都後悔了。

當牛市到來，很多投資者都信心倍增，看到股市中各種利好消息，紛紛選擇這個時候進入，而且他們認為牛市還會持續很長一段時間，自己進入的時機剛剛好。然而實際情況卻恰恰相反，他們的判斷出現了嚴重錯誤，對曾經贏利的經驗過於依賴，導致他們在高點進入市場。他們滿懷希望而來，但很多人隨後卻發現他們進入的時候就是高點，結果被套牢。

根據「輸者贏者效應」理論，這就是投資者對於以前的不利經驗和有利經驗的一種誇張化的反應，其實正確做法應該正好相反，這和巴菲特堅持的「在別人恐懼時貪婪，在別人貪婪時恐懼」的道理是一樣的。

如果以年作為時間段來看，在前一年表現不好的股票，在接下來的一年十有八九有好的表現，而在前一年在股市中位居前列的股票，接下來的一年十有八九表現會遠遠達不到投資者的預期。同樣地，一隻股票如果跌停，或者是連續跌停，接下來往往會有一定的反彈，而如果漲停或者連續漲停，接下來很可能會有一撥下調。這些也符合輸者贏者效應。

對投資者來說，股市本來就對未來市場難以預測，即使現在有大數據分析幫助，也很難精準預測市場未來的走勢。相比於股市整體未來的走勢，個股的走勢可能更好預測一些，但也有着很大的不確定性。

投資者對個股的預測也會有很大的主觀性，即使搜集到了企業的相關資料，掌握了企業近期動態，但對於企業未來的突發性事件依然不可預測，對整體股市走勢也很難有比較準確的預測。這種情況下，投資者的投資就會存在風險。在主觀影響下，投資者對股票的預測難以避免摻雜主觀性，由此導致人們對未來的預測出現偏差，出現這一理論所提到的誇大化的情況，從而令投資者的投資難以達到預期收益，甚至出現虧損。

　　塞勒主張的相反操作，正與巴菲特「在別人恐懼時貪婪，在別人貪婪時恐懼」不謀而合，也為我們的投資活動帶來了啟示與思考：在價格與大部分人的想法不一致時，人們會恐慌，出於風險厭惡的心理拋售或者持倉不動，其結果往往被證明是錯誤的。

　　而每一次市場情緒高漲，利好不斷飆升，這時候人們往往因過度樂觀而瘋狂入場。非理性帶來深淵，也會帶來泡沫，但不管深淵多麼恐怖，泡沫多麼光鮮，最後都會消失重構。將時間跨度拉長，我們會發現，均值總會回歸，市場會自動修正。可見，**洞悉投資者的心理活動，不但有助於控制自己的交易心態，堅持自己的判斷，而且能在市場觀點高度一致時保持清醒的思維狀態。**

　　贏者輸者效應告訴我們：以往的經驗是靠不住的，人往往都會有心理上的傾向性，對於不利的消息過分悲觀，對於曾經的成功經驗過分誇大，這是投資者的大忌。

　　作為投資者，我們應該遵循內在價值的召喚，盡可能避免感性的主觀判斷，多依靠理性的分析，這樣才能夠更好地規避投資風險。

第 **8** 章

逐個擊破經濟學「關鍵指數」

CPI
死在高價裏的網紅豬

市場上豬肉緊缺，屠夫認為發財的時候到了，於是把豬圈的豬都拉出來宰殺，準備賣個高價。

有一隻未成年的豬哀求說：「求你再讓我多活幾個月，像我父輩那麼大再死，不然我不甘心。」

屠夫說：「過些天的話你只能死於寂寂無聞，但現在死的話你就能成網紅。」

小豬疑惑不解：「為甚麼？」

屠夫解釋道：「全國各地都在報道豬肉推高消費指數的新聞，你這時候死，肯定會得到全國人民的關注呀！」

趣味點評

豬肉價格暴漲，帶動其他商品價格上漲，消費者總體的消費指數自然也就跟着上漲。人們關注豬肉價格的增長情況，豬自然成了新聞熱點中的網紅。故事中小豬和屠夫的對話就很好地體現了這個觀點。其中，豬肉價格所推動的消費者物價指數，就是經濟學中的「CPI」。

「CPI」，是「消費者物價指數」的英文縮寫，是對居民家庭購買的消費品和服務等整體水平的變化狀況的一種體現。CPI與普通人的生活有直接關係，是中國宏觀經濟分析中的一種常用指數，也是政府進行價格調控的重要參考數據。

消費者物價指數需要一定的商品和服務作為測量的基礎數據，通過數據得出一定時期的具體指數。在中國，一般選擇200種與人民群眾生活息息相關的商品和服務作為監測數據，對其零售價格變化進行統計整理，與之前數據做對比，從而得出消費者物價指數。

比如，2019年11月，全國居民消費價格同比上漲4.5%，其中，城市上漲4.2%，農村上漲5.5%。這就是2019年11月全國居民消費價格和去年同期全國居民消費價格對比後的消費者物價指數。

消費者物價指數分為月率和年率兩種基本形式，也就是我們常看到的環比增長率和同比增長率。前者是對於每一個月的消費者物價指數的一種統計和比較，後者則是對不同年份同一時期的消費者價格指數的一種統計和比較，我們前文提到4.5%的增長率就是指同比增長率。有了這兩組指數，我們對當下消費者物價指數的變化就能有一個更加明確的了解和認識。

接下來，讓我們具體來看一看，消費者物價指數變化能夠為我們揭示哪些重要訊息。

1 預測通貨膨脹

通過消費者物價指數的變化，可以對短時期內的通貨膨脹進行一定程度的預測，更可以將其作為國民經濟核算的一部分。

② 判斷貨幣購買力

通過消費者物價指數的變化，我們還能對一定時期的貨幣購買力變化進行判斷 —— CPI 如果不斷上漲，該時期購買力則不斷下降；CPI 如果不斷下降，該時期購買力則不斷上升，二者成反比關係。

③ 反映國家經濟

CPI 也是反映國家經濟的一面非常重要的鏡子。比如，美國統計局會在每個月的 16 號向社會公佈上一個月的 CPI。美國 CPI 所選擇的 200 種商品和服務，分屬房屋、交通、食品、醫療、教育和通訊、娛樂、服飾以及其他商品和服務這八個主要大類。

美國統計局通過大數據監測，對這 200 種商品和服務進行價格變動的統計，給出一個月的 CPI 數據，並和上一年同月 CPI 數據進行比較，通過這些數據，就能清晰地看出美國各種經濟發展的規律和狀況。

④ 穩定國家市場

不僅如此，CPI 還能給市場帶來很大的影響，在國家穩定市場中發揮巨大作用。在每一個國家中，央行都有一項基本工作，就是保持物價穩定，而 CPI 作為居民生活成本變化的一個重要反映指標，可以給央行的貨幣政策變動帶來參考。

如果 CPI 持續一段時間上漲，則國內通貨膨脹的壓力持續加大，此時，央行就會根據 CPI，通過加息等緊縮貨幣政策來進行調控，避免通貨膨脹壓力過大，避免經濟過熱。

比如，在美國，從 2018 年 1 月到 2018 年 11 月，這 11 個月的 CPI 始終處於高位，雖然每個月的指數略有差別，但是差距不大，基本上都在高位徘徊。受此影響，美國國內的通貨膨脹壓力持續加大，出現經濟過熱的苗頭，普通人也感受到了一定的經濟壓力。針對這一情況，美聯儲先後 4 次宣佈加息，抑制經濟發展

過熱的趨勢。

反之，如果一個國家的 CPI 在很長時間內都在低位徘徊，甚至出現負增長，這種狀況持續超過兩年的話，就可以判定該國通貨緊縮已經形成。面對這種情況，央行會採取一定的措施來穩定物價。比如，央行會採取降息等一系列寬鬆的貨幣政策來刺激市場，為經濟增長提供動力，保證國家經濟發展的持續性。

CPI 雖然屬滯後性的數據，卻是經濟領域的一種反映指標，也是反映百姓生活好壞的一個參考指標。根據中國 CPI 情況來看，2019 年前半年的增長率基本在 2.2% 左右，如果按照目前國際上普遍採用的「增長 2% 左右屬經濟增長最好的指數數據」來衡量的話，中國 2019 年 CPI 數據反映出中國經濟發展持續穩定，人民生活處於安逸穩定的狀態。

堅尼系數
給弟弟紅包袋

　　媽媽為了獎勵兩個兒子，拿出一個紅包，對兄弟倆說：「你們兩個最近表現很不錯，學習非常認真，做家務也很積極，這是給你們兩個的獎勵。哥哥，你來分，一定要保證分得滿意。哥哥，你能做到嗎？」

　　哥哥想了想，拍了拍心口說：「當然能！這個紅包裏的錢都給我，給弟弟紅包袋。這樣分我最滿意了。」

趣味點評

　　媽媽讓哥哥將獎勵紅包分配給他和弟弟，要求哥哥一定要分得滿意。媽媽說的分得滿意是讓兄弟兩個都滿意，而哥哥理解錯了，他認為只要分得自己滿意就行，於是他把紅包裏的錢都歸了自己，把空空的紅包袋留給了弟弟。

　　哥哥這種分配方式造成他和弟弟所擁有的收入產生了很大差距。在經濟學中，衡量這種差距的數據被稱為「堅尼系數」。

經濟學解讀

「堅尼系數」，是衡量國家或地區居民收入差距的一個指標。這一指標在國際上是通用的，已成為國際上了解各國居民收入差距的一個關鍵的數據指標。

堅尼系數範圍在 0 至 1。堅尼系數數值愈小，表明一個國家或地區的居民收入差距愈小，收入分配愈合理；堅尼系數數值愈大，則表明一個國家或地區的居民收入差距愈大，收入分配愈不合理。

人們普遍都認為堅尼系數低於 0.2 就是收入絕對平均，是非常理想的數值，代表的是極為理想的收入分配狀態；而堅尼系數為 0.2 至 0.3，被認為是收入比較平均；堅尼系數為 0.3 至 0.4，被認為是收入相對合理；如果堅尼系數為 0.4 至 0.5，表明一個國家或地區的居民收入差距較大；當堅尼系數高於 0.5 時，則表明一個國家或地區的居民收入差距懸殊。

就像幽默故事中的哥哥和弟弟，一個擁有紅包中所有的錢，一個只擁有空空的紅包袋，他們的收入差距懸殊就非常大，大到隨時會崩潰的邊緣，一旦弟弟發現自己沒有獲得紅包裏的錢，就肯定會和哥哥吵起來。

從全世界來看，發達國家居民收入差距更小，堅尼系數基本都在 0.3 以下，一般不會高於 0.4，這是比較理想的收入分配狀態。發展中國家堅尼系數會更高一些，一些落後國家和地區的堅尼系數則高於 0.5，居民收入差距懸殊。現在，堅尼系數 0.4 被國際上公認為是警戒線，超過 0.4 則表明居民收入差距過大，會給經濟發展帶來不利影響。

2018 年，美國堅尼系數為 0.485，已經高於國際上 0.4 的警戒線，表明美國的居民收入差距較大。從 2018 年美國居民收入情況來看，美國居民人均收入為 3.6 萬美元，相比於 2017 年增幅為

2.9%，如果將價格因素的影響剔除，實際增幅僅為 0.5%。雖然居民收入有所增加，但是收入差距卻在加大，堅尼系數達到 50 年來的最大值。

再來看 2018 年美國居民家庭收入。相關數據顯示，美國居民平均家庭收入為大約九萬美元，中位數為大約八萬美元，相比於前些年居民家庭收入增長幅度有所放緩。這表明 2018 年美國在經濟整體發展有所放緩的趨勢下，居民收入差距進一步加大。

中國的堅尼系數

以前，中國堅尼系數都是由民間調研機構發佈，官方堅尼系數在 2013 年首次發佈。官方堅尼系數第一次發佈時，就公佈了中國從 2003 年到 2012 年的堅尼系數。公佈的數據顯示，這 10 年中，2008 年的堅尼系數最高，為 0.4910，隨後開始逐年降低。即使是逐年降低，但是堅尼系數最低的年份也始終高於 0.4. 根據堅尼系數代表的含義，表明中國居民收入差距較大，並且這個問題持續存在。

這說明，伴隨中國經濟持續發展，居民收入也在不斷增加，但是居民收入差距卻逐步加大。相比於現在，中國 20 世紀 80 年代的居民收入差距並不明顯，當時的堅尼系數在 0.3 左右。這表明經濟發展的成果分配出現了一定的問題，沒有體現出收入分配的公平性。這個問題需要解決，否則會給經濟發展和居民生活造成較大的影響。

針對中國堅尼系數一直維持在高位的情況，分析居民收入差距過大的原因應該集中在兩個方面：一是城鄉居民收入差距大，二是地區間居民收入差距大。

根據統計數據可以發現，中國現在的城市人均居民收入是農村居民人均收入的 3 倍左右。中國農村人口眾多，在總人口中的佔比大，造成中國城鄉居民人均收入差距大。此外，從地區對比看，沿海地區省份居民人均收入更高，遠遠高於內陸地區省份，可見，不同地區之間的居民人均收入差距依然非常大。

在中國經濟總體持續發展的良好形勢下，要想改變居民人均收入差距過大的問題，關鍵在於解決城鄉居民收入差距大、地區間居民收入差距大這兩個問題。前者需要增加農民收入，農民佔據了中國總人口的三分之二左右，隨着農民收入不斷增加，堅尼系數會不斷降低；地區之間的堅尼系數問題想要解決，就要針對經濟不發達地區和省份收入低來入手解決問題，只有這樣做，才會逐步縮小沿海和內地省份的經濟差距，從而縮小不同省份地區居民的收入差距。

居民收入差距較大是中國一直以來存在的問題，如何縮小居民收入差距是一個很難解決的問題，且這個難題在短時間內難以從根本上得到解決。對居民收入差距過大必須引起足夠的重視，因為這個問題不解決，必然會阻礙國家大好的經濟發展形勢，也不利於居民總體生活水平的提高。

通過了解各國的堅尼系數，可以對不同國家的居民收入差距有一個總體上的了解。從每一年的堅尼系數世界排名來看，歐美發達國家幾乎佔據了排行榜前列的所有位置，而非洲和拉丁美洲的一些國家則是堅尼系數最高的國家，表明這些經濟落後國家不僅整體經濟發展狀況不佳，居民人均收入差距更是懸殊。

堅尼系數就像是一面鏡子，照出了世界上不同國家的居民人均收入差距問題。通過對堅尼系數的具體數據的了解，就能對特定的國家或地區的居民人均收入差距有所了解，進而對這些國家的經濟發展情況有一個初步的認識。

恩格爾系數
趕緊過來吃飯吧

　　為了凸顯自己家已經從小康家庭步入富裕家庭行列，張女士向鄰居炫耀着：「我們家一年消費三五十萬，但吃飯上一年只花個三五千元。其他錢都用來旅遊呀，買奢侈品呀甚麼的，你也知道，這些都很花錢的。」

　　鄰居驚奇地問：「一個月幾百元飯錢，夠用嗎？」

　　「當然夠！」張女士正説着，只聽電話鈴響起，電話那頭傳來一個老太太的聲音：「女呀，飯已經做好了，你帶孩子和孩子爸趕緊過來吃飯吧……」

趣味點評

　　張女士家每年的消費總支出是三五十萬，但用在食品支出上的卻只有三五千元，讓人不由得驚詫食品消費支出如此之低，她家人是怎麼存活下來的。

　　原來，張女士一家三口每天都去張女士父母家蹭飯，相當於變相地將食品消費轉嫁到老人身上，以顯得她們家是個富裕家庭。在經濟學中，體現這種家庭食品消費支出總額和消費支出總額之間關係的理論，便是著名的「恩格爾系數」。

經濟學解讀

「恩格爾系數」，指的是在一個家庭中，食品支出總額在消費支出總額中的佔比，是對居民生活水平的一個很好的反映。根據恩格爾系數的實際情況，聯合國制定了世界上不同國家的居民生活水平情況的標準。

根據這一標準，一個國家或地區平均家庭恩格爾系數在 60% 以上為貧窮，50% 至 60% 為溫飽，40% 至 50% 為小康，30% 至 40% 為相對富裕，20% 至 30% 為富裕，低於 20% 則為極其富裕。按照恩格爾系數的具體標準，現在世界上，美國、加拿大、澳洲、日本以及歐洲國家的居民生活水平，基本上都在相對富裕之上，而南美洲、非洲等國家基本上都還處於溫飽或貧窮水平。

為甚麼恩格爾系數要以食品消費支出數據為對比標準呢？這是因為對每個人來說，吃都是重中之重，無論你是貧窮還是富裕，都要首先解決溫飽問題，這是生物體最基本的需求。

一般來看，如果居民收入水平較低，其他物品都是可買可不買的，唯獨食品必須買，所以「吃」必然在消費支出總額中佔據明顯比例。在收入不斷增加之後，人會有更多的需求，開始向穿、住、用、行等其他方面發展，食品的比例就會相對降低。也就是說，愈是貧困，居民收入支出中「吃」的佔比就愈大，恩格爾系數就愈大。

恩格爾系數通過食品支出總額在消費支出總額中的佔比，來表示居民生活水平的高低，通過展示居民收入和食品支出兩者的比例，來體現一個國家或地區的基本經濟發展狀況，以及收入增加給生活帶來的實際影響情況。

2019 年 2 月份，中國國家統計局發佈了 2018 年中國各項數據。其中，全國居民恩格爾系數比為 28.4%，比 2017 年有 0.9 個百分點的下降。結合恩格爾系數背後代表的居民生活水平，屬富

裕水平，這和很多發達國家的恩格爾系數差不多，甚至比一些發達國家的恩格爾系數還要略低，這表明中國居民生活水平有了根本改善。

而這一數據，是中國剛引進恩格爾系數時連想都不敢想的。中國首次在統計數據中引入恩格爾系數這一指標是在 1978 年。當時中國城鎮居民的恩格爾系數為 57.5%，其中城鎮居民家庭的人均生活消費支出為 311 元，而農村居民的恩格爾系數為 67.7%，其中農村居民家庭的人均生活消費支出為 116 元。

改革開放之後，國家經濟不斷發展，居民收入不斷提高，從當時的溫飽都無法解決，到之後溫飽問題得以解決，再到後來的小康生活，直到 2019 年的全民生活富裕，其間歷時 41 年。在這 41 年中，恩格爾系數也在不斷降低。

值得注意的是，中國從引入恩格爾系數開始到現在，經歷了幾個關鍵節點。第一個關鍵節點是 1996 年，當年的恩格爾系數為 48.8%，這是中國恩格爾系數首次跌破 50%，百姓溫飽問題得以解決，開始朝着小康邁進；第二個關鍵節點是 2000 年，當年的恩格爾系數為 39.4%，這是中國恩格爾系數首次跌破 40%，百姓生活開始朝着相對富裕邁進；第三個關鍵節點是 2017 年，當年的恩格爾系數為 28.4%，中國恩格爾系數首次跌破 30%，全民開始朝着富裕的目標努力。

從這三個不同的關鍵節點，就能夠看出中國經濟整體發展的脈絡，同時也能感受到改革開放之後中國經濟發展帶來的居民生活水平的提高。從以前溫飽都沒法解決，到現在居民生活走向富裕，中國只用了 41 年的時間。41 年前，中國居民還在為溫飽問題發愁，當時世界上發達國家的居民早已進入富裕水平。面對這種差距，中國大力發展經濟，迎頭趕了上來。如今，中國國強民富，人民生活富足，生活水平更是日新月異。

中國現在的恩格爾系數和一些發達國家已沒有甚麼差別，基於此，有的人就此認為中國已步入發達國家行列。其實不然。算不算發達國家，並不是恩格爾系數決定的，還有許多其他因素的

制約，比如先進的技術水平、較高的人均國民生產總值等。

　　在新的歷史發展時期，隨着居民收入的不斷增加，對文娛追求越來越高，食品支出在居民消費支出所佔比重會越來越低，中國的恩格爾系數會越來越低。恩格爾系數讓我們了解到居民生活水平的歷史發展過程，讓我們感受到國家經濟發展帶來的社會福利，更感受到新時期追求幸福生活的新動力。

消費者信心指數
是錢對我太滿意

喬伊買了一款限量版手袋，她開心地對老公說：「看，才花這點錢！」

老公：「怎麼？你是嫌花得太少嗎？」

喬伊：「不，老公，是錢對我太滿意，所以捨不得離開我的口袋。」

趣味點評

喬伊認為買手袋的消費低於自己的預估值，所以開心得忘乎所以。這種消費者主觀態度的表現，正是經濟學中「消費者信心指數」理論中的一環。

經濟學解讀

「消費者信心指數」，是對消費者信心進行調查統計之後獲得的關於消費者信心情況的一個綜合指標，是以調查問卷的方式，用數字凸顯出來的；其中，涉及消費者對經濟形勢的一種主觀評價，更是消費者對未來經濟發展、個人收入、收入預期和消費心

理的主觀看法，常被用來作為未來經濟走勢的一種預測指標，更是未來消費趨向的一張晴雨表。

消費者信心指數主要包含消費者滿意指數和消費者預期指數。這兩個方面是消費者對現有經濟的綜合主觀評價，以及對未來經濟生活發展走勢的主觀判斷。 在這兩者之下，還會細分出一些二級指標，諸如收入、消費支出、就業、生活質量等一系列與消費者生活息息相關的指標。

現在，消費者信心指數已受到各國的重視，各個國家都會發佈消費者訊息指數作為國內經濟形勢和未來經濟發展的一個反映指標。各個國家雖然國情有所不同，但是都會採用問卷調查法作為消費者信心指數的基本調查方式。其板塊包括經濟發展形勢、家庭收入和就業、物價水平、消費或購買意願等，這些調查內容體現了國家經濟發展和消費水平的關鍵指標。國家根據這些內容編制成基本的調查問卷，既能全面了解到消費者對當前經濟形勢的主觀看法，也能更好地把握消費者對未來經濟發展方向的主觀判斷。

各國對於問題答案的設置也都基本相同，都分為積極、消極和中性三個方面，體現的是消費者的肯定、否定或者中立的不同主觀看法。每一個問題都提前設置好了不同的分數，基本都會採用所有問題分數相加再除以問題個數的方式得到最終的得分。

只不過，各國在消費者信心指數取值方面略有不同。有的國家採用的是 0 至 200 的取值方式。100 作為中間值，低於 100 則表示悲觀，高於 100 則表示樂觀，數值愈接近兩個極端值，表明悲觀或者樂觀愈強烈。有的國家採用的是 0 至 100 取值，50 作為中間值，低於 50 則表示悲觀，高於 50 則表示樂觀，數值愈接近兩個極端值，表明悲觀或者樂觀愈強烈。

比如，Info Sapiens 作為烏克蘭國內一家消費者信心指數的調查機構，他們在 2019 年針對烏克蘭消費者進行了調查，並且在 11 月發佈了烏克蘭消費者信心指數。該月的消費者信心指數分值為 91.7 分（總分為 200 分），相比於 10 月份，下降了 4.2 分。受

烏克蘭國內經濟低迷的影響，烏克蘭消費者信心指數普遍呈現出悲觀情緒，表明消費者對於當前的烏克蘭經濟狀況和未來烏克蘭經濟發展普遍持一種悲觀態度。

通過分析和對比前幾個月烏克蘭消費者信心指數的數據，指數持續下降是一個基本趨勢，表明消費者對烏克蘭未來經濟發展的信心不足。其中，個人收入指數並沒有明顯的波動，而失業和通貨膨脹指數明顯下降，表明人們對於就業和物價信心不足，人們普遍認為未來烏克蘭就業形勢將更加嚴峻，消費支出會持續增加，消費水平會受到影響。

消費者的心態本是極為複雜的，然而通過一張表格調查所得出的消費者信心指數，我們就可以對消費者的消費心態和未來的消費走向瞭如指掌。消費者信心指數的核心在於「信心」。通過對調查問卷的整理和數據分析，能夠全面了解消費者對當下經濟形勢和未來經濟發展的信心程度，也能夠在很大程度上反映出消費者對於國內經濟的一種基本態度。雖然這都是消費者的主觀態度，但卻可以體現出消費者對於當下和未來經濟的看法。

為甚麼這樣說呢？這是因為消費者的主觀態度背後體現的是經濟發展的基本形式。消費者信心指數與經濟發展密切相關，是對於經濟發展的一種主觀反映。消費者作為經濟發展的受益者和參與者，他們對於經濟發展的信心關乎着未來經濟發展的快慢。所以說，消費者信心指數指標，可以為我們更好地了解各地的經濟狀況和消費者主觀態度提供一手資料。

那麼，中國消費者的消費心態和未來消費走向又是怎樣的呢？消費者的主觀態度背後呈現出的又是怎樣的經濟發展形式呢？

為此，中國每個月都會發佈一次消費者信心指數。根據第三方研究機構相關數據，2019 年第三季度，中國消費者信心指數為118.1，相比於第二季度有了 0.1 個點的提高，雖然變化不大，但也說明消費者訊息持續走強。接下來，再來看消費者滿意指數情況：第三季度消費者滿意指數是 116.9，相比於第二季度有 0.3 個

點的下降，消費者預期指數為 118.9，相比於第二季度有 0.4 個點的提高。這意味着消費者對當前的消費不是太滿意，但對未來的消費走向仍持樂觀態度。

綜上所述，從總體來看，中國消費者信心指數顯示消費者對國內當前經濟發展態勢比較滿意，普遍持積極而肯定的態度，對中國未來經濟發展有很高的期待。

一書讀透 經濟學 關鍵詞

著者
薛磊

責任編輯
李穎宜

裝幀設計
羅美齡

排版
何秋雲

出版者
萬里機構出版有限公司
香港北角英皇道499號北角工業大廈20樓
電話：2564 7511　　傳真：2565 5539
電郵：info@wanlibk.com
網址：http://www.wanlibk.com
　　　http://www.facebook.com/wanlibk

發行者
香港聯合書刊物流有限公司
香港荃灣德士古道 220-248 號荃灣工業中心 16 樓
電話：2150 2100　　傳真：2407 3062
電郵：info@suplogistics.com.hk

承印者
中華商務彩色印刷有限公司
香港新界大埔汀麗路 36 號

出版日期
二〇二一年二月第一次印刷

規格
特 32 開（213 mm × 150 mm）